AF569713

# Vom Zauber der Bergweihnacht

Geschichten & Erinnerungen

# Vom Zauber der Bergweihnacht

Geschichten & Erinnerungen

benno

Bibliografische Information der Deutschen Nationalbibliothek
Die Deutsche Nationalbibliothek verzeichnet diese Publikation in der Deutschen Nationalbibliografie; detaillierte bibliografische Daten sind im Internet über http://dnb.d-nb.de abrufbar.

**Besuchen Sie uns im Internet unter**
**www.st-benno.de**

Gern informieren wir Sie unverbindlich und aktuell auch in unserem Newsletter zum Verlagsprogramm, zu Neuerscheinungen und Aktionen. Einfach anmelden unter www.st-benno.de.

ISBN 978-3-7462-5956-7


Covergestaltung: Rungwerth Design, Düsseldorf
Covermotiv, U4: © mauritius images/Ludwig Mallaun
Zusammenstellung: Claudia Michels, Leipzig
Layout & Gesamtherstellung: Kontext, Dresden (A)

# Inhalt

## Auf den Wunderwegen zur Krippe 8

## Von der Winterfreude in verschneiten Bergen 116

# Auf den Wunderwegen zur Krippe

## Es ist Advent

Die Blumen sind verblüht im Tal,
die Vöglein heimgezogen;
der Himmel schwebt so grau und fahl,
es brausen kalte Wogen.
Und doch nicht Leid im Herzen brennt:
Es ist Advent!

Es zieht ein Hoffen durch die Welt,
ein starkes, frohes Hoffen;
das schließet auf der Armen Zelt
und macht Paläste offen;
das kleinste Kind die Ursach kennt:
Es ist Advent!

Advent, Advent, du Lerchensang
von Weihnachts-Frühlingstunde!
Advent, Advent, du Glockenklang
vom neuen Gnadenbunde!
Du Morgenstrahl von Gott gesendt!
Es ist Advent!

*Friedrich Wilhelm Kritzinger*

# Verse zum Advent

Noch ist Herbst nicht ganz entflohn,
aber als Knecht Ruprecht schon
kommt der Winter hergeschritten,
und alsbald aus Schnees Mitten
klingt des Schlittenglöckleins Ton.

Und was jüngst noch, fern und nah,
bunt auf uns herniedersah,
weiß sind Türme, Dächer, Zweige,
und das Jahr geht auf die Neige,
und das schönste Fest ist da.

Tag du der Geburt des Herrn,
heute bist du uns noch fern,
aber Tannen, Engel, Fahnen
lassen uns den Tag schon ahnen,
und wir sehen schon den Stern.

*Theodor Fontane*

# Die leisen Seiten der Weihnacht

In der Annahme, dass so mancher Leser Ähnliches fühlt wie ich, wage ich ein Geständnis: Je näher das Fest rückt, umso mehr spüre ich einen Zwiespalt. Auf der einen Seite ist eine gewisse Hektik und Betriebsamkeit, der Lärm und das Laute unvermeidbar, und dabei ist es gar nicht immer störender Lärm, sondern durchaus wohlwollender und liebenswürdiger; aber im Hintergrund mahnt und warnt es doch ständig: Geh auf die leisere Seite des Lebens! Jetzt ist die Zeit für das Verschwiegene und Schweigende, für das Ungesagte und Unsagbare. Weihnachten hat das Gewicht auf den leiseren Seiten des Daseins. Wenn ich mir im Advent eine wunderbare Stunde im Dom mit Sängern und Geigern anhören durfte, ist diese Mahnung wieder verstärkt worden.
Aber dann ist doch gleich wieder der Alltag da. Und es heißt formulieren, reflektieren, kontaktieren, reagieren, korres-

pondieren und in Interviews parlieren – es geht mir beinahe wie dem Bürgermeister von Saardam in der berühmten Arie in Lortzings Oper „Zar und Zimmermann“ ...
Aber die Heilige Nacht kommt näher. Und nun muss der Teppich des Schweigens am festlichen Bahnhof ausgerollt werden, damit das Geheimnis dieser Nacht aussteigen und in unser Leben treten kann. Ohne diesen Teppich fährt der Zug des Jahres vorbei und Weihnachten wäre nur ein Datum gewesen.
Mit einem romantischen Anflug wünschte ich mich manchmal von Ambo, Studio und Schreibmaschine weg auf einen der verschneiten Wege, die droben in den Bergwäldern die Nordkette oberhalb von Innsbruck queren, oder an einen stillen See, um den die Raureifbäume einen zarten Spitzenrand gewoben haben, wie ich es so oft bewundert habe. Aber der Weg in die Idylle, der manchmal so schön ist, ist doch nicht einfach die weihnachtliche Straße. Die Nacht der Selbstentäußerung Gottes, der Kenosis, wie sie die Griechen genannt haben, verlangt Erinnerung und Einstieg nicht nur in das beglückende, sondern auch in das beklommene und beklemmende Schweigen.

## Die bedrückende Stille

Da ist einmal die Stille der leisen Not. Es gibt viel Not, die sich nicht recht artikulieren kann. Sie ist in vielen Briefen und Gesprächen zu mir gekommen – und sie ist im Wachsen. Da ist die leise Not wegen der zu kleinen und viel zu

teuer gewordenen Wohnung; da ist die stumme Not des jungen Arbeitslosen, der mit abgeschlossener Ausbildung dasitzt und sich täglich durch die Stellenangebote der Zeitungen ackert. Und dann gibt es da die Stille der sprachlos Gewordenen, der Vereinsamten neben uns, der psychisch Belasteten, die die sozialen Kontakte verlieren. Und das Verstummen des Lebens, das rund um die alte Frau ist, die auf Besuch wartet – und niemand kommt. Erst bei der Testamentseröffnung werden sie dann da sein ... Still ist es auch um den Sandler, der sich in irgendeiner Ecke in den Mantel wickelt – hoffentlich sind es in dieser Heiligen Nacht nicht zu viele. Bedrückendes Schweigen breitet sich auch dort aus, wo die Verbitterung alle Türen verriegelt hat und der Mensch nicht mehr glauben kann.
Leise, ganz leise geht es in dieser Nacht auch auf der Intensivstation zu, wo nur flackernde Linien auf Bildschirmen den Rhythmus des Herzens anzeigen, das zwischen Leben und Tod schlägt.
Es ist gut, am Heiligen Abend zunächst durch diese Räume und Winkel des beklommenen Schweigens in Welt und Gesellschaft zu gehen, weil der Welterlöser in der Krippe ja in die Welt des kleinen, menschlichen, oft vergessenen und übersehenen Leids eingetaucht ist. Die Realität von Betlehem war keine Idylle.
Wenn man in der Heiligen Nacht sich an den schweigend-belastenden Seiten der Welt nicht vorbeidrückt, dann birgt diese Nacht doch auch die tröstende Stille. Betlehem war eine wunderbare Kombination von Stalldunst und Herrlichkeit.

## Die beglückende Stille

Es gab in meinem Leben eine Weihnachtsnacht, in der beides gegenwärtig wurde – das lastende Schweigen und die jubelnde Stille. Es war auf einem einsamen, zugefrorenen See in Nordkarelien. Wir waren zu zweit in der Langlaufspur unterwegs, von einem Stützpunkt zum anderen. Rundherum eine weiße Welt, die sich im Dunkel verliert. Alles ist weiß, sogar wir selbst, bis auf die Augenschlitze im Tarnzeug. Die letzten Uferbäume sind schon längst zurückgeblieben – und nun ist nur die Fläche da, die sich im Dunkel verliert. Es ist an sich eine menschenleere Gegend. Jetzt sind Menschen da, aber ferne Schüsse verraten, dass diese Menschen dem Land keine menschliche Note geben, sondern eine unmenschliche. Es gibt nichts Einsameres als einen zugefrorenen See am Polarkreis in der Nacht, die 23 Stunden dauert. Man hört nur das leise Gleiten der Langlaufskier, die Stöcke setzen im Pulverschnee lautlos ein. Man kommt sich wie verloren vor, verloren in einer fremden, kalten, dunklen, stummen Welt. Und plötzlich beginnt es. Über dem Himmel flammt das Nordlicht auf. Jähe Strahlen schießen wie eine große Orgel zum Zenit, wandeln sich in wallende Gardinen, die vor den Sternbildern hängen. Rote und grüne Schimmer huschen über das wogende Licht, fallen in sich zusammen und neue Lichtgewitter tauchen auf, Wellenspiele und gleißende Girlanden. Diese Heilige Nacht werde ich nie vergessen. Nie war die unerlöste, dunkle, hoffnungslose Welt und die Armseligkeit des Menschen eindrucksvoller dargestellt als in dieser trostlosen weißen

Öde mit den bösen Maschinengewehrsalven in der Ferne. Nie habe ich ein eindrucksvolleres Szenario für das alte Adventslied „O Heiland, reiß die Himmel auf“ erlebt als mit dieser Lichtorgie über dem großen Schweigen.

## Schweigen der Ewigkeit

Der Gegensatz auf dem Hirtenfeld in Betlehem kann auch nicht krasser gewesen sein – unten verlorenes, winziges Menschenschicksal und ein paar arme Teufel, die sich als unstete Wanderhirten durchs Leben schlugen – und darüber der Gloriahimmel. Die Nacht der Geburt des Herrn birgt beides, das stumme Leid der Welt und die Herrlichkeit, die aus dem Schweigen der Ewigkeit kommt. Noch etwas bringt mir der Lauf über den winterlichen See in jener Heiligen Nacht in Erinnerung. Wir sind in der frostig-dunklen Welt auf das Licht zu unterwegs gewesen. Wie der himmlische Fackeltanz vor uns begonnen hat, sind wir schneller gelaufen. Mein Freund vor mir hat Tempo gemacht, die Gleitschritte wurden länger und die Stöcke haben den Pulver aufstäuben lassen – im blassen Schimmer des Nordlichts. Es wird wohl immer so sein, dass die Dunkelheit lähmt und das Licht beschwingt. Und was in der Heiligen Nacht an Botschaft aufflammt, das kann uns nur beflügeln: Der Himmel bricht über die Erde herein, Gott kommt zu uns. Mein Freund von damals hat seine Spur inzwischen schon mitten ins Licht hineingelegt. Er war ein einfacher Handwerker und ist vor Jahren als Missionar in Ostafrika gestorben ... Und

so erinnert mich die einsame Loipe in die Heilige Nacht hinein an das Wort des Propheten, lese (40,31), das ich allen weitergeben möchte, die die leise, tiefe Weihnacht feiern: „Die aber, die dem Herrn vertrauen, schöpfen neue Kraft, sie bekommen Flügel wie Adler. Sie laufen und werden nicht müde, sie gehen und werden nicht matt."

*Reinhold Stecher*

# Wia 's Christkindl von Atzlbach verschwunden is

Alle Jahr, wann die staade Zeit strumpfsockert die Staffeln zur Heiligen Nacht naufsteigt, um die Geheimnisser nicht zu verscheuchen, ist auch der Mesner Flori in den dickleibigen Glockenturm der Dorfkirch von Attlbach gekraxelt. Alle Jahr hat er dabei im Speicher über der Glockenstube, wo die Fledermäus ihre winterliche Schlafkammer haben, mit dem gleichen nissigen Querbalken vom Dachstuhl sauere Bekanntschaft gemacht. Alle Jahr hat er mit einem Mordsbinkel am Hirnkastl und einer sorgsam gestemmten Kiste den Rückweg über die Wendltreppe angetreten, bis er seine Last unter der Empore, gleich hiebei beim Taufstein, abgeladen hat. Stück für Stück hat er daraus das Heilige Land erstehen lassen, in einer Weise, dass es schier zum Verwundern war.

Denn der Flori ist niemals kein bissel nicht in Palästina hinten gewesen; wär auch zu viel Wasser dazwischen. Und in der Schul war dieser abseitige Erdenfleck auf der Landkarten so winzig wie der verwachsene Nagel von seinem kleinen Finger gewesen. Aber der Flori hat halt ein inwendiges Geschau gehabt, bal er, nicht viel anders als Gottvater bei der Schöpfung, seine betlehemitische Landschaft werden ließ. Aber erst gar als der Flori die geschnitzten Leut hat lebig werden lassen. Als da sind die Hirten mit den zerzausten Biberbärten und den rundlichen Glatzen, die es auf ihrem Weg zum Neugeborenen höchst pressant hatten: weiters die heilige Mutter Maria, zärtlich vor sich hin blickend, und Sankt Josef, etwas gschamig abseits an eine kaputte Säule gelehnt. Ja, und zu guter Letzt das Kindl selber auf die Streu gebettet, mit seinen prallen Bamsenbackerln und so fasernackert, wie es auf die Welt kam.
Nachdem der Mesner Flori den Gloriaengel mit den weit gespreizten Flügeln noch die Botschaft von einem Nagelfluhfelsen hat verkündigen lassen, hat er sich persönlich Beifall gezollt und versöhnt seinen Binkel an der Stirn gerieben. Dann ist er an den Kniebänken entlang, durch die Sakristei hinaus und hinüber zum Oberbräu gehatscht.
Am Morgen drauf, in aller Herrgottsfrüh, dieweil es noch stockfinster in Atzlbach war und die ersten Göckel gekräht haben, ist aber schon der Teufel los gewesen und das justament in der Kirch beim Engelamt. Wie allweil haben sich nämlich die Gläubigen beim Hereinkommen schon an ihr viel geliebtes Kripperl herangedrängt wie das Bienenvolk an seine Königin.

Das anfängliche Geräusper jedoch hat gleich in ein wachsendes Murren umgeschlagen, weil die gache Stimm vom Mesner Flori allen schreckhaft in die Glieder fuhr. „Kreuzbirnbaumhollerstaudn! Wo ist das Christkindl hikemma? Schaugt ... Leut, dös is verschwunden – geraubt! Dabei hab i's geschting auf Ehr und Seeligkeit feinsäuberli da einig ... Furt is!" Pfeilgrad, die Hauptperson unter den weihnachtlichen Figuren, der Mittelpunkt ausgerechnet, der fehlt! Der Herr Pfarrer, vom stocknarrischen Mesner Flori zur Verstärkung angefordert, versucht den flammenden Zorn seiner Gemeinde zu dämpfen. Die einhellige Empörung überstürzt sich und macht sich kräftig Luft. Aus solchen Stimmungen müssen Kreuzzüge entstanden sein. „Dos is a himmelschreiende Sind! Für so an gottslästerlichen Diab gibts bloß oans: Aufhänga!" Dem hat aber der geistliche Herr dawidergeredet: „Aufhänga? An Menschen derf ma doch deswegen net wia a frisch bürstelte Bettwasch behandeln!" So und ähnlich rät er zu vermehrter christlicher Sanftmut. Trotzdem kehrt sein Blick immer wieder zur heiligen Mutter Maria zurück, die ganz desperat auf die leere Streu hinstarrt, während der Nähr- und Pflegevater sich den Anschein gibt, als ob er die ganze Nachbarschaft der Hirten zu Hilf bittet. „Bals nur net in Wirklichkeit verschwindt, as Christkindl unter der Menschheit, moan i." Mit diesen hintersinnigen Worten des Herrn Pfarrer haben sich nur etliche wenige abfinden lassen. Die Mahnung hat nicht verhindert, dass sich die Hälse der Beter, auch als man längst schon mitten im Rorateamt beim Paternoster war, alle daumenlang verstohlen nach dem Ort der Untat umdrehten. Im martialischen

Schlussgesang von „Tauet Himmel den Gerechten" ist so ein Unterton mitgeklungen, der ersichtlich die Wiederkunft des Erlösers in der Gestalt der abhandengekommenen Kripperlfigur betraf.

Mit den aus dem Portal herausquellenden Kirchenbesuchern ist auch das Ungeheuerliche, bis zum Vorwurf des Sakrilegs gesteigert, als Lauffeuer durch den Ort geeilt. Vermutungen und Verdächtigungen sind umgegangen. Der schnauzbärtige Gendarm, glückselig, endlich einmal einen Straffall verfolgen zu können, hat eine vielseitige amtsdeutsche Meldung gedrechselt, um sie zur gleichen Stund höchsteigenhändig in die Kreisstadt zu radeln.

Als er bei der Rückkunft strahlend vor Pflichterfüllung zu Haus aus dem Sattel steigt, ist auch das geschnitzte Christkindl bereits wieder friedlich im Kripperl gelegen mit seinen prallen Bamsenbackerln – aber nicht mehr fasernackert, sondern wacherlwarm eingehüllt, dazu kreuzweis verschnürlt mit einer Rüscherlborte, sodass vom Fatschenkindl nur mehr das Nasenspitzerl herausschaute. Das heilige Elternpaar zu beiden Seiten hat jetzt einen ganz und gar glückseligen Eindruck gemacht, als wär nichts, aber schon rein gar nichts passiert gewesen.

Wär demnach alles wieder eingerenkt in dieser rätselhaften Geschicht. Hinter die eigentliche Ursach ist, geklagt sei es, nicht einmal der eifrige Hüter des Gesetzes gekommen. Bloß der Herr Pfarrer hat es erfahren, seinerzeit als ihn das Veverl, die Fünfjährige von der Störnahterin an der Soutane gezupft hat. „Gell, du Herr Hochwiern, jetza koa as Kindl woltern koan Schnupfen nimmer kriagn in der kaltn

Kirch! Hab eahm a mollige Windl verschafft, was dös best Tuachert, wo i derwischt hab, verstohlns. Is bloß a kloana Zwickl gwen – ausm Burgermoaster seiner neuchn Lodnkotzn. Werd schon et derfriern deszwegn. Und der Herr Jesus is gewiss net weniger wert. Tuast m aber net verratschn. Versprichst ma dös?“ Da hat der Herr Pfarrer schmunzeln müssen, indem er ihr über Zöpferlhaar streichelte. „Guit, i schlag ei!“ „Hat ja auch der heilige Martin an Arma sogar an halberten Mantel gebn. Woasst, für mi is dös a Beichtgeheimnis!“ Drum hat seither in Atzlbach das Gemeindeoberhaupt eine lodene Kotzn getragen, die wo schon als neuer ausgestückelt war, und das Kindl im Kripperl hatte eine lodene Windel.

*Hanns Vogel*

# Christkindleins Erdenfahrt – Weihnachten 1929

Draußen wirbeln unaufhörlich Millionen Schneeflocken, die mit ihren glitzernden Mäntlein wie Vöglein in der Luft umhertanzen. Die Menschen laufen in den Gassen und Straßen. Am schönsten ist es aber doch daheim in der Stube bei Vater und Mutter. Die Kinder sitzen um den großen Familientisch und spielen und arbeiten, denn es ist drei Tage vor Weihnachten

Da tönen alle Glocken und rufen die Menschen zur Kirche. Nach und nach gehen die Menschen zur Ruhe. Doch jetzt wird es an einem andern Ort lebendig.

Am Himmel zieht ein heller Streifen immer näher und näher. Helle Gestalten lösen sich aus dem Kreis und fliegen der Erde zu. Sie fliegen zu jedem Häuschen und flüstern jedem

Menschenkind einen schönen Traum als Vorzeichen der Weihnacht. Es sind die Englein. Ja, ja, die haben viel zu tun um Weihnachten. Doch sie tun es ja gern, dem Christkind zuliebe. Sie müssen nicht nur die Menschen beschenken, sondern auch den Himmel ausschmücken, weil das Christkind Geburtstag hat. Was musste da nicht alles gemacht werden!

Sie müssen die Himmelsorgel wieder frisch anstreichen, die Himmelsbetten besonders gut ausschütteln, sodass den kleinen Englein der Schweiß in hellen Perlen an den Stirnen steht. St. Petrus kratzt sich manchmal bedenklich hinter dem Ohr und seufzt: „Ach, wäre nur das schon gemacht!"

Indessen schaffen die Englein weiten Blitzblank, der kleine Engelsbub kommt gerade mit einem Gefäß voll Goldfarbe, verliert den Halt und purzelt kopfüber dem heiligen Petrus zu Füßen. „Auch das noch", ruft er und hilft dem kleinen Englein wieder auf die Beine. Freilich – der Goldlack war hin. Doch wozu war man denn im Himmel; hier hat man doch alles in Hülle und Fülle. Alle Englein waren bei der Arbeit. Auf einmal kam ein Gesurr...r...r...r...r.

Was war denn das? Alle Englein schauten gespannt auf das Himmelstor, zu welchem St. Petrus aufgeregt herbeischoss. Wahrhaftig, es war die Flugpost. Der Flugzeugmann gab dem verdutzten Petrus einen großen Sack voll Erdenbrieflein. „Nein, so was, das ist zu toll! Zwei Tage vor Weihnachten noch eine solche Bescherung!" Die Englein seufzten. Drei Engel machten sich kopfschüttelnd an den Sack. „Haben denn die Menschenkinder gar keinen Sinn für die guten Englein?", sagte St. Petrus. „Ach, lass sie, wir schaffen das schon. Zweihundert Schachteln stehen reisefertig im Spielraum; sagte ein Englein. „Wir arbeiten jetzt halt doppelt schnell." — „Hast recht", antwortete Petrus. „Ja, und die Sternlein glänzen hell wie Gold in der Sternkammer drüben", und damit schwang es sich davon. „Gute Seelchen sind es schon", sagte Petrus und strich sich den Bart.

Im Spielwarenraum sprangen die Englein hin und her. Überall hatten sie von den Brieflein vernommen und strengten sich an, dass kein Kind unbeschenkt bleibe, denn das hätte das Christkind nicht gerne. Es selber, das liebe Christkindlein, schwebte ins Erdental zum Förster eines Waldes und bat ihn, ihm doch ein paar Knechte mitzugeben, denn seine Englein hätten keine Zeit. Der Förster willigte gern ein, und nun zogen das Christkind an der Spitze und eine Schar Knechte in den Wald mit Äxten und Sägen. Manches schöne Tannenbäumchen fiel in Christkindleins Arme, indem es dachte, dass dieses Bäumchen übermorgen in einer erhellten Stube stände. Als sie einen ganzen Wald Tannenbäumchen gefällt hatten, klatschte das Christkind dreimal in die Hände, und sogleich kamen Engel mit großen Wagen. Darauf wurden alle Bäumchen geladen. Das Christkind drückte jedem Knecht ein Säckchen in die Hand mit einem besondern Gruß an den Herrn Förster. Dann stieg es in sein Kütschchen und fuhr hurtig die Milchstraße hinan, während die Englein ihm erzählten von der Flugmaschine. Endlich kamen sie am Himmelstor an, bei welchem sie St. Petrus wie immer brummig empfing.

Drunten im Erdental liefen drei Kinder in den Wald. Försters Kinder: Maxel, Seppel und Liesel. Sie schwatzten vom

Christkindlein und vom Krippchen. „Hier“, sagte Maxel, „hier haben die Knechte mit dem Christkindlein die Tannenbäumchen umgesägt“, und deutete auf einen Platz, auf welchem Tannen gestanden waren.

„Ja, ja, hier war es geschehen. Nun aber wollen wir Moos und Steine suchen, damit es ein recht schönes Kripplein gibt.“ – „Du“, sagte Seppel nach einer Weile zu Liesel, „glaubst du wirklich, dass du eine Puppe bekommst?“ – „Ach ja“, erwiderte Liesel. „Ja, aber, weißt du, als du den kleinen Hans draußen stehen ließest!“ – „Ah bah, da war ich ja noch klein.“ Mittlerweile kamen sie an einen moosigen Felsen. „Hier können wir das Moos nehmen für das Krippchen. Oh, und die Tuffsteine können die Felsen darstellen ...“

Daheim in der Försterstube wartete die Mutter auf ihre Kinder. Sie schaute bald zum Krippchen, bald zum Fenster in den Schnee, während sie fleißig stickte. Endlich kamen sie hochbeladen mit Steinen und Moos. Sie stürmten herein, voran die Liesel mit einem goldenen Haar. „Schau, Mutti, was ich gefunden habe! Christkindhaar. Das hat es sicher verloren, als es gestern Tannenbäumchen holte.“ „Ja, ja Kinder“, sagte Mutti, „das Christkind ist in der Nähe, seid nur recht brav!“

Droben im Himmelssaal waren alle beschäftigt. Die weißen Wolkenpferde wurden blitzblank geputzt. Der Christkindschlitten wurde aus der Weihnachtskammer geholt. Man packte alles darauf, was Platz hatte. Noch drei andere Wagen kamen vorgefahren. Alle übrigen Geschenke wurden draufgeladen. Puppen, Bleisoldaten, kleine Kanonen, Bälle,

Bücher, alles, was man sich nur denken kann. Die kleinen Engelsspitzbuben hatten ihre helle Freude, wenn ein Ball einen großen Engel traf. Ungeschickt war es schon, denn wenn ein Ball nicht träfe, so konnte er auf diese purzeln. St. Petrus war natürlich gleich hinter den Spitzbuben und hielt ihnen eine gehörige Strafpredigt. Doch er musste wieder helfen. Endlich war alles gepackt bis auf ein großes Schaukelpferd. Alle waren ratlos. Glitz-Glanz, ein rotbäckiges Engelskind, nahm das Pferd, ging in den Himmelssaal und riegelte die Türe zu. Dann schnitt es aus weißem Leinen vier Flüglein. Nachher band es sie an das Pferd und flog, als das Glöcklein die Erdenfahrt verkündete, zum Fenster hinaus.
Das Christkind sagte, es dürfe das Pferdchen geben, wem es wolle. Auf einmal fühlten sie feste Erde unter sich. „Zuerst zum Försterhaus“, sagte das Christkind! Ja, richtig, dort drückten die Kinder mit den Näschen fast die Fensterscheiben ein. „Mutti, es kommt, es kommt“,schrien Maxel und Seppel, nur die Liesel saß auf der Ofenbank. Es fiel ihr ein wegen dem Hans. Vielleicht hat das Christkind es doch nicht vergessen, und klein war sie damals gar nicht gewesen. „Liesel, komm doch!“, drängte Seppel und zerrte es zum Fenster. Ja, dort stand es und lächelte Liesel zu, Mutti kam herein und sagte, die Kinder sollen in die Kammer. Als sie wiederkamen, was war das für ein Jubel!
Liesel bekam auch eine Puppe; aber ihr war ein Zettel angehängt, auf dem geschrieben stand, sie solle von jetzt an nicht mehr so unvorsichtig sein. Seppel drückte sein Pferdchen an sich, und Maxel ließ seine Kanone donnern, dass

den Eltern Hören und Sehen vergingen. Nachher saßen alle auf dem neuen Schlitten und sangen „Stille Nacht“. Das Christkind aber und seine Engel reisten immer weiter und streuten Segen und Glück unter die Menschen. Dann schwebten sie himmelwärts und sangen:
„Ehre sei Gott in der Höhe und Friede den Menschen auf Erden, die eines guten Willens sind!“

*Silja Walter*

# Das Christkind von Scharau

Es ist der Heilige Abend, und es geht schon ums Dunkeln. Der Baumbart-Bauer ist eben auch schon in den Jahren, wo man mit der Frömmigkeit nicht mehr viel versäumt. Er hat sich's in der Stube bei der Bibel recht behaglich gemacht, denn das gehört dazu, und er deutet nun dem Kleinen das Weihnachtskapitel:

„Ist selb' Zeit, musst wissen, im heiliger Zählung gewest, im Vergleich wie bei uns vorigen Sommers, wo der Schulmeister als Umgangssprache die lateinische angegeben hat, was richtig ist, weil beim Fronleichnamsumgang Geistlichkeit und Mesner lateinisch beten."

„Und die Ministranten auch", vervollständigte der Knabe, weil er ja selber einer war.

„Gehört nicht her da", sagte der Baumbart-Bauer. „Und bei der Leutaufschreibung im Heiligen Land ist auch Unsere

liebe Frau von weit her nach Betlehem kommen, wo sie zuständig gewesen, und dass sie sich angeben wollt. Ist ein arm' Weib gewesen, und wie's finster worden ist, hat sie in der ganzen Stadt Betlehem keine Nachtherberg' gefunden."
„Hat sie nicht bei ihren Blutsfreunden anfragen können, wenn sie zuständig ist g'west?", warf der Knabe sehr brav ein.
„Meinen sollt' man's", sagte der Alte, „aber wer so bettelarm ist, der hat keine Vettern und keine Mulmen. So gern sich die ganze betlehemitische Freundschaft später bei der Himmelfahrt der Mutter Gottes an ihre Falten angeheftet hätte, so gern hat sie zu Betlehem dem armen Weib die Tür vor der Nase zugeschlagen. So sind die Leut', mein Bübel, so sind die Leut'!"
„Gelt, wenn sie zu uns wär' kommen, die liebe Frau, wir hätten ihr das hintere Stübel warm heizen lassen?"
„Gehört nicht her da!", sagte der Bauer, „so christlich sind wir gleichwohl in der Scharau, dass wir die Mutter Gottes nicht in einem Ochsenstall übernachten ließen, wie das Judenvolk von Betlehem so unbarmherzig ist gewest; die armen Hirten haben braver sein müssen. Hör nur zu!" Da ist die christliche Unterhaltung plötzlich unterbrochen worden. Die Baumbart-Bäuerin kam eilig in die Stube getreten, aber so leise, als ginge sie in eitel Socken, und halb über den Tisch hingelehnt lispelte sie dem Ehemann zu: „Du, jetzt ist eine draußen, die will sicher dableiben heut' Nacht."
„Aha", meinte er, „für die Festtage sucht sich das Bettelvolk allemal Großhof. Die Krapfen, die du gebacken hast, riechen halt weitum in der Luft."

„Ein Bettelweib ist's dieweilen zwar noch nicht, die draußen steht", sagte die Bäuerin.
„Ist's wer der will, behalt sie und gib ihr eine Suppe."
„Und bist gar nicht begierig, wers sein möchte'", fragte das Weib. „Raten kannst lang', derraten wirst es nicht."
„Nachher wird sie von weit her sein."
„Vom Masental herüber."
„Etwan doch nicht die Plonel?"
„Schau, was du für eine scharfe Nasen hast", sagte die Bäuerin und indem sie sich weiter über den Tisch bog und noch näher ans Ohr ihres Mannes hin: „Das stinkt aber auch danach. – Sie lasst den Vetter schön grüßen."
„Kann mir's denken. Umsonst kommt die nicht zu ihrem Vetter. So Leut' tragen allemal weniger ins Haus herein als hinaus."
„Dasmal", meinte nun die Bäuerin, wies aber, bevor sie weitersprach, den Knaben davon; die Kinder brauchen nicht alles zu hören. „Dasmal möcht's umgekehrt sein, däucht mich schier ..."
„Wie meinst das?" fragte der Bauer und lugte sie schief an.
„Geh hinaus, in der Küche steht sie, wenn sie sich nicht niedergesetzt hat. Betracht sie dir einmal, die Plonel, ob sie nicht schwerer aufgefasst hat, als ein Weibmensch in solchem Alter tragen soll ..."
In der Küche stand sie wirklich, denn sie hatte sich nicht niedergesetzt. Obwohl der größte Teil ihres Gesichtes und Körpers in ein wollenes Umhängetuch eingemummt war und obwohl sie so demütig und armselig dastand, merkte man doch leicht, dass sie jung und hübsch war. Die Au-

gen, die zwischen der Vermummung aus einem vor Kälte und anderem gerötetem Gesichte hervorschauten, waren treuherzig und traurig dabei. Die Hände, die in fingerlosen Handschuhen staken, hielt sie vorne unter dem Busen aneinander und in denselben ein Handbündel.

In der Länge war sie seit zwei Jahren nicht gewachsen, das sah der Baumbart-Bauer auf den ersten Blick. Die Plonel war ein armes, fleißiges und gutherziges Ding, eine Waise, und zur Zeit, als ihre Dienstherren mit ihr wohlzufrieden, mit dem Baumbart-Bauer weitläufig verwandt gewesen. Aber seit sie vor zwei Jahren aus Scharau ins Masental hinübergewandert war, wo die Leute um ein gut Stück lustiger sind als da herüben und wo sie in dieser Sache die Ehre der Scharauer rettete, indem sie tatsächlich dartat, dass Scharauer Blut noch viel lustiger sein könne als welches vom Masental und seit der Ruf davon ins Heimatdorf zurückgekehrt war – fand der Baumbart-Bauer, dass die Verwandtschaft mit ihr eigentlich nur eine „erheiratete" gewesen und dieselbe längst „mit dem mit Tod abgegangen". Diese erheiratete, aber Tod abgegangene Verwandtschaft hatte das Mädchen jetzt mitten im scharfen Winter aus dem fernen Tale herübergeführt, um zu den Weihnachtsfeiertagen ihre Vetter und Muhmen auf dem Baumbart-Hofe heimzusuchen. Als der „Vetter" in die Küche trat, wollte sie ihm die Hand küssen. Er ließ es nicht angehen, sondern sagte recht gutmütig, das wäre was Neues, dass sich die Plonel auch wieder einmal anschauen ließe. Sie sollt nur ein wenig abrasten und einen Löffel warmer Suppe essen, auch dürfe sie ein Stück Weihnachtsbrot nicht verschmähen, obwohl er

wisse, dass die Masentaler ein besseres hätten. Er täte gern sagen, dass sie in seinem Haus über Nacht bleiben möchte, wenn ein einzig Platzel aufzutreiben wäre, aber es sei über und über alles besetzt; Verwandte, die ihn über die Feiertage besucht, hätte er auch im Haus. – Na, wie's ihr alleweil ginge? Das Aussehen wär' nicht schlecht.
Der Plonel hatte es die Rede verschlagen. – Wie es ihr ginge? Dass sie müde ist vom weiten Weg und in einer schweren Bangigkeit! Und dass sie jetzt in der Scharau keine Herberg' hat! – Sie hat's nicht gesagt. Als sie des Bauern, ihres einzigen Verwandten, Worte gehört hatte, konnte sie weder essen noch trinken. Da müsse sie wohl wieder anrücken, sagte sie kleinlaut und betrübt, sie hätte noch einen weiten Weg. Die Bäuerin suchte ihr etliche Krapfen aufzunötigen; der Bauer sagte ihr noch freundliche Worte, und als das Mädchen das Umhängetuch fester um ihren Körper gebunden hatte und langsam, mit jedem Schritte völlig zögernd, in den dämmernden Winterabend hinausgegangen war, atmeten die guten Baumbart-Leute auf: „Gott sei Dank, dass wir die fortgebracht haben!"
Der muntere Knabe trachtete den Vater bei den Rockschößen wieder in die feierliche Stube zu zerren und rief: „Jetzt musst du mir die Geschichte von Unserer lieben Frau in Betlehem weitererzählen!"
„Gehört nicht her da!", sagte der Bauer etwas unwirsch, wusste aber selbst nicht, warum er unwirsch war.
Als es ganz finster geworden und so recht der Frieden der Heiligen Nacht über das Dorf ausgebreitet lag, als auch das Ave-Läuten verklungen war, die Glocken mit ihren letzten

Schlägen aber noch anzudeuten schienen: Heute sagen wir nicht Gute Nacht, heute fangen wir noch einmal an! – Da hieß es im großen Baumbart-Hofe plötzlich: „Der Kinigl-Peter ist da!“ Das Knäblein schoss wie ein Pfeil zur Tür hinaus und stand auch schon vor dem wunderlichen Mann.

Der Kinigl-Peterl war ein alter, großer, hagerer Patron, der zu jenen bestgesuchten und schlechtest geachteten Leuten gehörte, wovon jedes Dorf die seinen hat, Leute, die alles können und anfassen, wofür zufällig sonst niemand zuwege ist. Sie sind Strohdachdecker und Brunnengräber, Krankenwärter und Rattenfänger, Obstbaumpelzer und Honigausheber, Kapaunzüchter und Ochsenmacher und noch viel mehr, kurz: nahezu alles – und darum nichts.

Der Kinigl-Peterl, der mit seinem rechten Namen Peter König hieß, verlegte sich außerdem noch auf die Kaninchenzucht, was ihm allerdings nicht viel zu schaffen machte, denn die Kaninchen züchten sich selber. Er hatte davon manch feines Brätlein und den Namen Kinigl-Peterl. Nebenbei hatte er eine kleine Familie mit einem nicht immer harmonisch gluckenden Weiblein und drei Töchtern, die schon erwachsen waren und zur Sommerszeit vor dem Häusel mitten auf der Straße saßen und mit Sandhäuflein und Steinchen spielten. Es waren die „drei armen Hascher“ von Scharau. Ihr Vater hatte denn viel zu schaffen, dass sie zu ihrer geistigen Verkrüppelung nicht auch noch Hunger leiden mussten. Im Häusel sah's wohl arm aus, aber nicht bettelhaft, und der Peterl nahm jede Gelegenheit wahr, sich was zuverdienen“.

Eine solche Gelegenheit zum „Verdienen“ war die heilige Weihnachtszeit, da er von Haus zu Haus ging und den Leuten die „Geburt Christi" sang, wofür er eine kleine Gabe erntete. Denn überall beschloss er seinen Sang mit den Worten: „Glück hinein, Unglück hinaus, Gott segne dieses Haus!"

So stand der Kinigl-Peterl in seiner lang bemantelten, hageren, vorgeneigten Gestalt mit dem kleinen Gesichtl und den weißen Bartstoppeln dran, mit frommen Gebärden, aber fürwitzigen Äuglein – so stand er an der offenen Haustür; der Schein des Herdfeuers fiel auf ihn, und er sang die Geschichte der Einkehr zu Betlehem, wie sie eine Stunde früher der Baumbart-Bauer aus der Bibel dem Knaben erzählt hatte. Nun kam der Bauer und legte sich aus dem Beutel zwei Silberzehner in die hohle Hand zurecht, denn das christliche Singen nach altem Brauch gefiel ihm gar wohl, und das Almosengeben schien ihm heute recht stimmungsvoll; es kam ihm bedeutend leichter an wie sonst: Nur heraus damit, Heiliger Abend ist nicht alle Tag'.

Der Peterl hatte die „Geburt" schier zu Ende gesungen; jetzt war er gerade dabei, wie die römischen Beamten zur Heiligen Familie in den Stall zu treten, um von ihr die Beschreibung aufzunehmen.

Der Schreiber: „Sagt an, sagt an, wie des Kindleins Namen ist?"

Der Vater Josef: „Das Kindlein heißt Herr Jesu Christ."

Schreiber: „Sagt an, wie heißt die Mutter fein?"

Josef: „Die Mutter heißt Maria rein."

Schreiber: „Und saget, wie der Vater heißt?"

Josef: „Der Vater heißt der Heilige Geist."

Während solcher Zeremonie war aber auf dem Gesichtlein des Peterl keine rechte Andacht zu erkennen. Das gefiel dem Bauern nicht. Er hielt dem Alten die flache Hand mit den Silberstücken hin und sagte: „Du siehst, Peterl, es sind ihrer zwei. Und hab' sie dir geben wollen all zwei. Aber weil du's ein wenig schlampert machst mit der heiligen Sach', so kriegst nur einen." Damit nahm er mit der andern Hand den einen weg und schob ihn in die Tasche. Den zweiten nahm der Peterl mit einer schönen Verbeugung und sang den Schlussvers:

„So sei dir, Haus,
wohl ehrenwert
des Boten letzter Gruß beschert,
Glück hinein, Unglück hinaus, Gott ..."

Der Peterl unterbrach sich und sagte recht demütig: „Ich hab' dir zwar das Ganze vermeint gehabt, Baumbart-Bauer, aber ich denk', das Letztere behalte ich für mich selber."
Und schob davon. –
Wie diese zwei zu solcher Stund' und in der Weise auseinandergingen, hätte man nicht vermutet, dass sie so bald wieder miteinander sollten zu tun kriegen. Und doch schon in derselbigen Nacht.
Als der Baumbart-Bauer vom Mitternachtsgottesdienste nach Hause ging – es war ein heftiges Schneien und Stöbern eingetreten – und als er an seinem einsam stehenden Heustadl vorüberkam, eilte aus diesem eine Gestallt hervor. Eine lange, hagere Gestalt. Der Bauer rief sie an, was sie im Stadel zu suchen gehabt? Der Kinigl-Peter war's, und der sagte ganz erregt: „Ah, du bist's, der Baumbart! Schau, das ist schon wieder überflüssig, dass eins bei Nacht und Nebel

so weit in die Kirchen geht, wenn man das Christkindl auf eigenem Grund und Boden hat. Willst es wissen: Da drinnen ist's, da drinnen im Heustadl. Ochs und Esel stehen nicht dabei, drum geh nur geschwind hinein, ich komm' auch bald nach." Er lief davon. Wie der Alte noch laufen konnte! Im Stadl war etwas zu hören. Der Bauer horchte. Das war ja schier das Schreien eines kleinen Kindes! – Er ging in die alte Bretterhütte, kroch über Stroh und Heu, rief herum, was denn da wäre, und war endlich ganz nahe dem jungen Geschrei. Da es stockfinster war, so machte er keinen Schritt mehr weiter und fragte, wer da sei.

Nun antwortete ihm die matte Stimme eines Weibes, wenn er etwa nur aus Neugierde frage, so nenne sie ihren Namen nicht.

„Ist auch nicht nötig, sprach der Bauer, „ich kenne deine Stimme, die habe ich heut' schon gehört. Warum sagst es denn nicht, dass es so mit dir steht?"

„Der Vetter hat mir beizeiten den Riegel vor den Mund und vor die Türe geschoben."

„Wenn ich dein Vetter bin, so wird's mir auch zustehen zu fragen, wer die Schuldigkeit hat, dass er jetzt für dich sorgt; heißt das, wenn du's selber weißt."

„Bauer!", sagte sie und ihre Stimme war kräftiger, „mein Mann ist jetzt beim Militär!"

Warum hat sie's nicht gesagt, dass sie verheiratet ist? Weil sie nicht darum gefragt worden sei. Ihr Mann sei ein Auswendiger (Fremder), und mit so einem hebe man in Scharau keine Ehre auf.

Warum sie jetzt in die Scharau gekommen sei?

Weil sie noch vor den Wochen ihre Verwandten besuchen wollte. Die Zeit aber sei Gott bekannt. Die Verwandten hätten sie nun wohl gesehen – jetzt wolle sie Frieden haben.
Da kam schon der Kinigl-Peterl mit einem Laternlicht und mit einem breiten Buckelkorb, wie man solche im Sommer zum Grastragen braucht. Er stäube sich am Eingang sorgsam den Schnee ab, dann kroch er über das Heu her und hinter ihm kroch sein Weib nach, das schleppte Mäntel und Bettdecken und rief der Mutter mit dem Kinde schon von Weitem Koseworte zu und dass sie nur getrost sein sollte, es kämen ja schon die Hirten mit warmen Suppen und Wollzeug und Peterl schlug vor, sie solle das liebe Christkindel nur keck anpacken und damit in den Korb kriechen, dann was wolle er sie beide rechtschaffen weich und warm einwickeln und in sein Häusel tragen, wo schon alles bereit sei.
Und als der Baumbart-Bauer merkte, dass die zwei Häuslersleute wollten sich hier wirklich auf die frommen Hirten von Betlehem hinausspielen, da schämte er sich und stellte sich bereit, die Arme in sein Haus zu nehmen. Sie aber dankte für die gute Meinung: „Ich bin eine arme Magd und will mit den Hirten gehen."
Sie ging aber nicht, sondern ließ sich hübsch tragen und dankte Gott in ihrem Herzen, dass diese nötenreiche Nacht einen so freundlichen Christmorgen gefunden hatte.
Am Christtage, als die Leute erfahren hatten, was sich Merkwürdiges in der Scharau zugetragen, kamen sie ins arme Häuslein mit Lob und Gaben. Die Gaben für Mutter und Kind, das Lob für den Peter und sein Weib. Die „drei armen Hascher" standen auch vor dem Bett und schauten

das Wunder an. Es war, als ob von diesem ein Strahl ausginge, so verklärt lächelten ihre einfältigen Augen. Und so ist das Wort laut geworden und ist dem Kleinen, der hold heranwächst, der Name geblieben: „Das Christkind von Scharau“.

*Peter Rosegger*

# Der Winter im Dörfli

Um die Almhütte lag der Schnee so hoch, dass es anzusehen war, als ständen die Fenster auf dem flachen Boden, denn weiter unten war von der ganzen Hütte gar nichts zu sehen, auch die Haustür war völlig verschwunden. Wäre der Almöhi noch oben gewesen, so hätte er dasselbe tun müssen, was der Peter täglich ausführen musste, weil es gewöhnlich über Nacht wieder geschneit hatte. Jeden Morgen musste dieser jetzt aus dem Fenster der Stube hinausspringen, und war es nicht sehr kalt, sodass über Nacht alles zusammengefroren war, so versank er dann so tief in dem weichen Schnee, dass er mit Händen und Füßen und mit dem Kopf auf alle Seiten stoßen und werfen und ausschlagen musste, bis er sich wieder herausgearbeitet hatte. Dann bot ihm die Mutter den großen Besen aus dem Fenster, und mit diesem stieß und scharrte der Peter nun den Schnee vor sich weg, bis er zur Tür kam. Dort hatte er dann eine große Arbeit, denn da musste aller Schnee abgegraben werden, sonst fiel entweder, wenn er noch weich war und die Tür aufging, die ganze große Masse in die Küche hinein, oder er fror zu, und nun war man ganz vermauert drinnen, denn durch diesen Eisfelsen konnte man nicht dringen, und durch das kleine Fenster konnte nur der Peter hinausschlüpfen. Für diesen brachte dann die Zeit des Gefrierens viele Bequemlichkeiten mit sich. Wenn er ins Dörfli hinuntermusste, öffnete er nur das Fenster, kroch durch und kam draußen zu ebener Erde auf dem festen Schneefelde an.

Dann schob ihm die Mutter den kleinen Schlitten durch das Fenster nach, und der Peter hatte sich nur daraufzusetzen und abzufahren, wie und wo er wollte, er kam jedenfalls hinunter, denn die ganze Alm um und um war dann nur ein großer, ununterbrochener Schlittweg.

Der Öhi war nicht auf der Alm den Winter; er hatte Wort gehalten. Sobald der erste Schnee gefallen war, hatte er Hütte und Stall abgeschlossen und war mit dem Heidi und den Geißen nach dem Dörfli hinuntergezogen. Dort stand in der Nähe der Kirche und des Pfarrhauses ein weitläufiges Gemäuer, das war in alter Zeit ein großes Herrenhaus gewesen, was man noch an vielen Stellen sehen konnte, obschon jetzt das Gebäude überall ganz oder halb zerfallen war. Da hatte einmal ein tapferer Kriegsmann gewohnt; der war in spanische Dienste gegangen und hatte da viele tapfere Taten verrichtet und viele Reichtümer erbeutet. Dann war er heimgekommen nach dem Dörfli und hatte aus seiner Beute ein prächtiges Haus errichtet; darinnen wollte er nun wohnen. Aber es ging gar nicht lange, so konnte er es in dem stillen Dörfli nicht mehr aushalten vor Langweile, denn er hatte zu lange draußen in der lärmvollen Welt gelebt. Er zog wieder hinaus und kam gar niemals mehr zurück. Als man nach vielen, vielen Jahren sicher wusste, dass er tot war, übernahm ein ferner Verwandter unten im Tal das Haus, aber es war schon am Verfallen, und der neue Besitzer wollte es nicht mehr aufbauen. So zogen arme Leute in das Haus, die wenig dafür bezahlen mussten, und wenn ein Stück abfiel von dem Gebäude, so ließ man es liegen. Seit jener Zeit waren nun wieder viele Jahre darübergegangen. Schon als der Öhi mit seinem jungen Buben Tobias hergekommen war, hatte er das verfallene Haus bezogen und darin gelebt. Seither hatte es meistens leer gestanden, denn wer nicht verstand, vorweg dem Verfalle ein wenig zu begegnen und die Löcher und Lücken, wo sie entstanden, gleich irgendwie zu stopfen und zu flicken, der konnte da nicht bleiben. Der Winter droben im Dörfli war lang und kalt. Dann blies und wehte es von allen Seiten durch die Räume, dass die Lichter auslöschten und die armen Leute vom Frost geschüttelt wurden. Aber der Öhi wusste sich zu helfen. Gleich nachdem er zu dem Entschluss gekommen war, den Winter im Dörfli zuzubringen, hatte er das alte Haus wieder übernommen und war den Herbst durch öfter heruntergekommen, um darin alles so herzurichten, wie es ihm gefiel. Um die Mitte des Oktobermonats war er dann mit dem Heidi heruntergezogen.

Kam man von hinten an das Haus heran, so trat man gleich in einen offenen Raum ein, da war auf einer Seite die ganze Wand und auf der anderen die halbe eingefallen. Über dieser war noch ein Bogenfenster zu sehen, aber das Glas war längst weg daraus, und dicker Efeu rankte sich darum und hoch hinauf bis zur Decke, die noch zur Hälfte fest war. Die war schön gewölbt, und man konnte gut sehen, das war die Kapelle gewesen. Ohne Tür kam man weiter in eine große Halle hinein, da waren hier und da noch schöne Steinplatten auf dem Boden, und zwischendurch wuchs das Gras dicht empor. Da waren die Mauern auch alle halb weg und große Stücke der Decke dazu, und hätten da nicht ein paar dicke Säulen noch ein festes Stück der Decke getragen, so hätte man denken müssen, diese könne jeden Augenblick auf die Köpfe derer niederfallen, die darunterstanden. Hier hatte der Öhi einen Bretterverschlag ringsum gemacht und den Boden dick mit Streu belegt, denn hier in der alten Halle sollten die Geißen logieren. Dann ging es durch allerlei Gänge, immer halb offen, dass einmal der Himmel hereinguckte und einmal wieder die Wiese und der Weg draußen. Aber zuvörderst, wo die schwere, eichene Tür noch fest in den Angeln hing, kam man in eine große, weite Stube hinein, die war noch gut. Da waren noch die vier festen Wände mit dem dunkeln Holzgetäfel ohne Lücken, und in der einen Ecke stand ein ungeheurer Ofen, der ging fast bis an die Decke hinauf, und auf die weißen Kacheln waren große blaue Bilder hingemalt. Da waren alte Türme darauf, mit hohen Bäumen ringsum, und unter den Bäumen ging ein Jäger dahin mit seinen Hunden. Dann war wieder ein stiller See unter weit schattigen Eichen, und ein Fischer stand daran und hielt seine Rute weit in das Wasser hinaus. Um den ganzen Ofen herum ging eine Bank, sodass man da gleich hinsetzen und die Bilder studieren konnte. Hier gefiel es dem Heidi sogleich. So wie es mit dem Großvater in die

Stube eingetreten war, lief es auf den Ofen zu, setzte sich auf die Bank und fing an, die Bilder zu betrachten. Aber wie es, auf der Bank weitergleitend, bis hinter den Ofen gelangte, nahm eine neue Erscheinung seine ganze Aufmerksamkeit in Beschlag: In dem ziemlich großen Raume zwischen dem Ofen und der Wand waren vier Bretter aufgestellt so wie zu einem Apfelbehälter. Darinnen lagen aber nicht Äpfel, da lag unverkennbar Heidis Bett, ganz so, wie es oben auf der Alm gewesen war: ein hohes Heulager mit dem Leintuch und dem Sack als Decke darauf. Das Heidi jauchzte auf:
„Oh, Großvater, da ist meine Kammer, o wie schön! Aber wo musst du schlafen?"
„Deine Kammer muss nahe beim Ofen sein, damit du nicht frierst", sagte der Großvater, „die meine kannst du auch sehen."
Das Heidi hüpfte durch die weite Stube dem Großvater nach, der auf der anderen Seite eine Tür aufmachte, die in einen kleinen Raum hineinführte, da hatte der Großvater sein Lager errichtet. Dann kam aber wieder eine Tür. Das Heidi machte sie geschwind auf und stand ganz verwundert still, denn da sah man in eine Art von Küche hinein, die war so ungeheuer groß, wie es noch nie in seinem Leben eine gesehen hatte. Da war viel Arbeit für den Großvater gewesen, und es blieb auch noch immer viel zu tun übrig, denn da waren Löcher und weite Spalten in den Mauern auf allen Seiten, wo der Wind hereinpfiff, und doch waren schon so viele mit Holzbrettern vernagelt worden, dass es aussah, als wären ringsum kleine Holzschränke in der Mauer angebracht. Auch die große, uralte Tür hatte der Großvater wie-

der mit vielen Drähten und Nägeln festzumachen verstanden, sodass man sie schließen konnte, und das war gut, denn nachher ging es in lauter verfallenes Gemäuer hinaus, wo dickes Gestrüpp emporwuchs und Scharen von Käfern und Eidechsen ihre Wohnungen hatten.

Dem Heidi gefiel es wohl in der neuen Behausung, und schon am anderen Tage, als der Peter kam, um zu sehen, wie es in der neuen Wohnung zugehe, hatte es alle Winkel und Ecken so genau ausgeguckt, dass es ganz daheim war und den Peter überall herumführen konnte. Es ließ ihm auch durchaus keine Ruhe, bis er ganz gründlich alle die merkwürdigen Dinge betrachtet hatte, die der neue Wohnsitz enthielt.

Das Heidi schlief vortrefflich in seinem Ofenwinkel, aber am Morgen meinte es doch immer, es sollte auf der Alp erwachen und es müsse gleich die Hüttentür aufmachen, um zu sehen, ob die Tannen darum nicht rauschten, weil der hohe, schwere Schnee daraufliege und die Äste niederdrücke. So musste es jeden Morgen zuerst lange hin und her schauen, bis es sich wieder besinnen konnte, wo es war, und jedes Mal fühlte es etwas auf seinem Herzen liegen, das es würgte und drückte, wenn es sah, dass es nicht daheim sei auf der Alp. Aber wenn es dann den Großvater reden hörte draußen mit dem Schwänli und dem Bärli und dann die Geißen so laut und lustig meckerten, als wollten sie ihm zurufen: „Mach doch, dass du einmal kommst, Heidi", dann merkte es, dass es doch daheim war, und sprang fröhlich aus seinem Bette und dann so schnell als möglich in den großen Geißenstall hinaus. Aber am vierten Tage sagte das

Heidi sorglich: „Heute muss ich gewiss zur Großmutter hinauf, sie kann nicht so lange allein sein."
Aber der Großvater war nicht einverstanden. „Heute nicht und morgen auch noch nicht", sagte er. „Die Alm hinauf liegt der Schnee klaftertief, und immer noch schneit es fort; kaum kann der feste Peter durchkommen. Ein Kleines wie du, Heidi, wäre auf der Stelle eingeschneit und zugedeckt und nicht mehr zu finden. Wart noch ein wenig, bis es friert, dann kannst du bequem über die Schneedecke hinaufspazieren."
Das Warten machte zuerst dem Heidi ein wenig Kummer. Aber die Tage waren jetzt so angefüllt von Arbeit, dass immer einer unversehens dahin war und ein anderer kam. Jeden Morgen und jeden Nachmittag ging das Heidi jetzt in die Schule im Dörfli und lernte ganz eifrig, was da zu lernen war. Den Peter sah es aber fast nie in der Schule, denn meistens kam er nicht. Der Lehrer war ein milder Mann, der nur dann und wann sagte: „Es scheint mir, der Peter sei wieder nicht da. Die Schule täte ihm doch gut, aber es liegt auch gar viel Schnee dort hinauf, er wird wohl nicht durchkommen." Aber gegen Abend, wenn die Schule aus war, kam der Peter meistens durch und machte seinen Besuch beim Heidi.
Nach einigen Tagen kam die Sonne wieder hervor und warf ihre Strahlen über den weißen Boden hin, aber sie ging ganz früh wieder hinter die Berge hinab, so als gefalle es ihr lange nicht so gut herunterzuschauen wie im Sommer, wenn alles grünte und blühte. Aber am Abend kam der Mond ganz hell und groß herauf und leuchtete die ganze Nacht über

die weiten Schneefelder hin, und am anderen Morgen glitzerte und flimmerte die ganze Alp von oben bis unten wie ein Kristall. Als der Peter wie die Tage vorher aus seinem Fenster in den tiefen Schnee hinabspringen wollte, ging es ihm, wie er nicht erwartet hatte. Er nahm einen Satz hinaus, aber anstatt ins Weiche hinabzukommen, schlug es ihn auf dem unerwartet harten Boden gleich um, und unversehens fuhr er ein gutes Stück den Berg hinunter wie ein herrenloser Schlitten. Sehr verwundert kam er schließlich wieder auf seine Füße, und nun stampfte er mit aller Macht auf den Schneeboden, um sich zu versichern, dass auch wirklich möglich sei, was ihm soeben begegnet war. Es war richtig: Wie er auch stampfte und einschlug mit den Absätzen, kaum konnte er ein kleines Eissplitterchen herausschlagen. Die ganze Alm war steinhart zugefroren. Das war dem Peter eben recht: Er wusste, dass dieser Zustand der Dinge nötig war, damit das Heidi einmal wieder da heraufkommen konnte. Schleunig kehrte er um, schluckte seine Milch hinunter, welche die Mutter eben auf den Tisch gestellt hatte, steckte sein Stücklein Brot in die Tasche und sagte eilig: „Ich muss in die Schule."
„Ja, so geh und lern auch brav", sagte die Mutter beistimmend.
Der Peter kroch zum Fenster hinaus – denn nun war man eingesperrt um des Eisberges willen vor der Türe –, zog seinen kleinen Schlitten nach sich, setzte sich darauf und schoss den Berg hinunter.
Es ging wie der Blitz, und als er beim Dörfli da ankam, wo es gleich weiter hinab gegen Maienfeld hin ging, fuhr der Peter

weiter, denn es kam ihm so vor, als müsste er sich und dem Schlitten Gewalt antun, wenn er auf einmal den Lauf einhalten wollte. So fuhr er zu, bis er ganz unten in der Ebene ankam und es von selbst nicht mehr weiterging. Dann stieg er ab und schaute sich um. Die Gewalt der Niederfahrt hatte ihn noch ziemlich über Maienfeld hinausgejagt. Jetzt bedachte er, dass er jedenfalls zu spät in die Schule käme, da sie schon lange begonnen hatte, er aber zum Hinaufsteigen fast eine Stunde brauchte. So konnte er sich alle Zeit lassen zur Rückkehr. Das tat er denn auch und kam gerade oben im Dörfli wieder an, als das Heidi aus der Schule zurückgekehrt war und sich mit dem Großvater an den Mittagstisch setzte. Der Peter trat herein, und da er diesmal einen besonderen Gedanken mitzuteilen hatte, so lag ihm dieser obenauf, und er musste ihn gleich beim Eintreten loswerden.
„Es hat ihn", sagte der Peter, mitten in der Stube still stehend.
„Wen? Wen? General! Das tönt ziemlich kriegerisch", sagte der Öhi.
„Den Schnee", berichtete Peter.
„Oh! Oh! Jetzt kann ich zur Großmutter hinauf!" frohlockte das Heidi, das die Ausdrucksweise des Peter gleich verstanden hatte. „Aber warum bist du denn nicht in die Schule gekommen? Du konntest ja gut herunterschlittern", setzte es auf einmal vorwurfsvoll hinzu, denn dem Heidi kam es vor, das sei nicht in der Ordnung, so draußen zu bleiben, wenn man doch gut in die Schule gehen könnte.
„Bin zu weit gekommen mit dem Schlitten, war zu spät", gab der Peter zurück.

„Das nennt man desertieren", sagte der Öhi, „und Leute, die das tun, nimmt man bei den Ohren, hörst du?"
Der Peter riss erschrocken an seiner Kappe herum, denn vor keinem Menschen auf der Welt hatte er einen so großen Respekt wie vor dem Almöhi.
„Und dazu ein Anführer, wie du einer bist, der muss sich doppelt schämen, so auszureißen", fuhr der Öhi fort. „Was meinst, wenn einmal deine Geißen eine da und die andere dort hinausliefen und sie wollten dir nicht mehr folgen und nicht tun, was gut ist für sie, was würdest du dann machen?"
„Sie hauen", entgegnete der Peter kundig.
„Und wenn einmal ein Bub so täte wie eine ungebärdige Geiß und er würde ein wenig durchgehauen, was würdest du dann sagen?"
„Geschieht ihm recht", war die Antwort.
„So, jetzt weißt was, Geißenoberst: Wenn du noch einmal auf deinem Schlitten über die Schule hinausfährst zu einer Zeit, da du hineinsolltest, so komm dann nachher zu mir und hol dir, was dir dafür gehört."
Jetzt verstand der Peter den Zusammenhang der Rede und dass er mit dem Buben gemeint sei, der fortlaufe wie eine ungebärdige Geiß. Er war ganz getroffen von dieser Ähnlichkeit und schaute ein wenig bänglich in die Winkel hinein, ob so etwas zu entdecken sei, wie er es in solchen Fällen für die Geißen gebrauchte.
Aber ermunternd sagte nun der Öhi: „Komm an den Tisch jetzt und halt mit, dann geht das Heidi mit dir. Am Abend bringst du's wieder heim, dann findest du dein Nachtessen hier."

Diese unerwartete Wendung der Dinge war dem Peter höchst erfreulich. Sein Gesicht verzog sich nach allen Seiten vor Vergnügen. Er gehorchte unverzüglich und setzte sich neben das Heidi hin. Das Kind aber hatte schon genug und konnte gar nicht mehr schlucken vor Freude, dass es zur Großmutter gehen sollte. Es schob die große Kartoffel und den Käsebraten, die noch auf seinem Teller lagen, dem Peter zu, der von der anderen Seite vom Öhi den Teller voll bekommen hatte, sodass ein ganzer Wall vor ihm aufgerichtet stand, aber der Mut zum Angriff fehlte ihm nicht. Das Heidi rannte an den Schrank und holte sein Mäntelchen von der Klara hervor. Jetzt konnte es, ganz warm eingepackt, mit der Kapuze über dem Kopf, seine Reise machen. Es stellte sich nun neben den Peter hin, und sobald dieser sein letztes Stück eingeschoben hatte, sagte es: „Jetzt komm!" Dann machten sie sich auf den Weg. Das Heidi hatte dem Peter sehr viel zu erzählen vom Schwänli und Bärli, dass sie beide am ersten Tage in dem neuen Stall gar nicht hatten fressen wollen und dass sie die Köpfe hatten hängen lassen den ganzen Tag und keinen Ton von sich gegeben hatten. Und es habe den Großvater gefragt, warum sie so tun. Dann habe er gesagt: Sie tun so wie es in Frankfurt, denn sie seien noch nie von der Alm heruntergekommen ihr Leben lang. Und das Heidi setzte hinzu: „Du solltest nur einmal erfahren, wie das ist, Peter."
Die beiden waren schon fast oben angekommen, ohne dass der Peter ein einziges Wort gesagt hätte, und es war auch, als ob ihn ein tiefer Gedanke beschäftigte, dass er nicht einmal recht zuhören konnte wie sonst. Als sie nun bei der

Hütte angekommen waren, stand der Peter still und sagte ein wenig störrisch: „Dann will ich noch lieber in die Schule gehen, als beim Öhi holen, was er gesagt hat."
Das Heidi war derselben Meinung und bestärkte den Peter ganz eifrig in seinem Vorsatz. Drinnen in der Stube saß die Mutter allein beim Flickwerk. Sie sagte, die Großmutter müsse die Tage im Bett bleiben, es sei zu kalt für sie, und dann sei ihr auch sonst nicht recht. Das war dem Heidi etwas Neues; sonst saß die Großmutter immer an ihrem Platz in der Ecke. Es rannte gleich zu ihr in die Kammer hinein. Sie lag ganz von dem grauen Tuche umwickelt in ihrem schmalen Bett mit der dünnen Decke.
„Gott Lob und Dank!", sagte die Großmutter gleich, als sie das Heidi hereinspringen hörte. Sie hatte schon den ganzen Herbst durch eine geheime Angst im Herzen gehabt, die sie noch immer verfolgte, besonders wenn das Heidi eine Zeit lang nicht kam. Der Peter hatte berichtet, wie ein fremder Herr aus Frankfurt gekommen sei und immer mit auf die Weide komme und mit dem Heidi reden wolle, und die Großmutter meinte nicht anders, als der Herr sei gekommen, das Heidi wieder mit fortzunehmen. Wenn er auch nachher schon allein abreiste, so stieg die Angst doch immer wieder in ihr auf, es könnte irgendein Abgesandter von Frankfurt herkommen und das Kind wieder zurückholen. Das Heidi sprang zu dem Bett der Kranken hin und fragte sorglich: „Bist du stark krank, Großmutter?"
„Nein, nein, Kind", beruhigte die Alte, indem sie das Heidi liebevoll streichelte, „der Frost ist mir nur ein wenig in die Glieder gefahren."

„Wirst du dann auf der Stelle gesund, wenn es wieder warm ist?" fragte eindringlich das Heidi weiter.
„Ja, ja, will's Gott, noch vorher, dass ich wieder an mein Spinnrad kann. Ich meinte schon heute, ich wolle es probieren, morgen wird's dann schon wieder gehen", sagte die Großmutter in zuversichtlicher Weise, denn sie hatte schon gemerkt, dass das Kind erschrocken war.
Ihre Worte beruhigten das Heidi, dem es sehr angst gewesen war, denn krank im Bett hatte es die Großmutter noch nie getroffen. Es betrachtete sie jetzt ein wenig verwundert, dann sagte es:
„In Frankfurt legen sie einen Schal an zum Spazierengehen. Hast du etwa gemeint, man müsse ihn anlegen, wenn man ins Bett geht, Großmutter?"
„Weißt du, Heidi", entgegnete sie, „ich nehme den Schal so um im Bett, dass ich nicht friere. Ich bin so froh darüber, die Decke ist ein wenig dünn."
„Aber Großmutter", fing das Heidi wieder an, „bei deinem Kopf geht es bergab, wo es ganz bergauf gehen sollte; so muss ein Bett nicht sein."
„Ich weiß schon, Kind, ich spüre es auch wohl", und die Großmutter suchte auf dem Kissen, das wie ein dünnes Brett unter ihrem Kopfe lag, einen besseren Platz zu gewinnen. „Siehst du, das Kissen war nie besonders dick, und jetzt habe ich so viele Jahre darauf geschlafen, dass ich es ein wenig flach gelegen habe."
„O hätt ich nur in Frankfurt die Klara gefragt, ob ich nicht mein Bett mitnehmen könne", sagte jetzt das Heidi. „Da hatte es drei große, dicke Kissen aufeinander, dass ich gar

nicht schlafen konnte und immer weiter herunterrutschte, bis wo es flach war, und dann musste ich wieder hinauf, weil man dort so schlafen muss. Könntest du so schlafen, Großmutter?"
„Ja freilich, das macht warm, und man bekommt den Atem so gut, wenn man so hoch liegen kann mit dem Kopf", sagte die Großmutter, ein wenig mühsam ihren Kopf aufrichtend, so wie um eine höhere Stelle zu finden. „Aber wir wollen jetzt nicht von dem reden, ich habe ja dem lieben Gott für so vieles zu danken, was andere Alte und Kranke nicht haben. Schon das gute Brötchen, das ich immer bekomme, und das schöne, warme Tuch hier und dass du so zu mir kommst, Heidi. Willst du mir auch wieder etwas lesen heute?"
Das Heidi lief hinaus und holte das alte Liederbuch herbei. Nun suchte es ein schönes Lied nach dem andern, denn es kannte sie jetzt wohl, und es freute sich selbst, das alles wieder zu hören, es hatte ja seit vielen Tagen die Verse alle, die ihm lieb waren, nicht mehr gehört.
Die Großmutter lag mit gefalteten Händen da, und auf ihrem Gesichte, das erst so bekümmert ausgesehen hatte, lag jetzt ein so freudiges Lächeln, als wäre ihr eben ein großes Glück zuteilgeworden.
Das Heidi hielt auf einmal inne.
„Großmutter, bist du schon gesund geworden?" fragte es
„Es ist mir wohl, Heidi, es ist mir wohl geworden darüber. Lies es noch fertig, willst du?"
Das Kind las sein Lied zu Ende, und als die letzten Worte kamen:

*„Wird mein Auge dunkler, trüber,*
*dann erleuchte meinen Geist,*
*dass ich fröhlich zieh' hinüber,*
*wie man nach der Heimat reist"*,
da wiederholte sie die Großmutter und dann noch einmal und noch einmal, und auf ihrem Gesicht lag jetzt eine große freudige Erwartung. Dem Heidi wurde so wohl dabei. Der ganze sonnige Tag seiner Heimkehr stieg vor ihm auf, und voller Freude rief es aus: „Großmutter, ich weiß schon, wie es ist, wenn man nach der Heimat reist." Sie antwortete nichts, aber sie hatte die Worte wohl vernommen, und der Ausdruck, der dem Heidi so wohlgetan hatte, blieb auf ihrem Gesicht.
Nach einer Weile sagte das Kind wieder: „Jetzt wird's dunkel, Großmutter, ich muss heim; aber ich bin so froh, dass es dir jetzt wieder wohl ist."
Die Großmutter nahm die Hand des Kindes in die ihrige und hielt sie fest; dann sagte sie:
„Ja, ich bin auch wieder so froh; wenn ich auch noch liegen bleiben muss, so ist es mir doch wohl. Siehst du, das weiß niemand, der es nicht erfahren hat, wie das ist, wenn man viele, viele Tage so ganz allein daliegt und hört kein Wort von einem andern Menschen und kann nichts sehen, nicht einen einzigen Sonnenstrahl. Dann kommen so schwere Gedanken über einen, dass man manchmal meint, es könne nie mehr Tag werden und man könne nicht mehr weiter. Aber wenn man dann einmal wieder die Worte hört, die du mir vorgelesen hast, so ist es, wie wenn einem ein Licht davon aufgehen würde im Herzen, an dem man sich wieder freuen kann."

Jetzt ließ die Großmutter die Hand des Kindes los, und nachdem es ihr Gute Nacht gesagt, lief es in die Stube zurück und zog den Peter eilig hinaus, denn es war unterdessen Nacht geworden. Aber draußen stand der Mond am Himmel und schien hell auf den weißen Schnee, dass es war, als wolle der Tag schon wieder angehen.
Der Peter zog seinen Schlitten zurecht, setzte sich vorn darauf, das Heidi hinter ihn, und fort schossen sie die Alm hinunter, nicht anders, als wären sie zwei Vögel, die durch die Lüfte sausen.
Als später das Heidi auf seinem schönen, hohen Heubette hinter dem Ofen lag, da kam ihm die Großmutter wieder in den Sinn, wie sie so schlecht lag mit dem Kopfe, und dann musste es an alles denken, was sie gesagt hatte, und an das Licht, das ihr die Worte im Herzen anzünden.
Und es dachte: Wenn die Großmutter nur alle Tage die Worte hören könnte, dann würde es ihr jeden Tag einmal wohl. Aber es wusste, nun konnte eine ganze Woche, oder vielleicht auch zwei, vergehen, ehe es wieder zu ihr hinaufdurfte. Das kam dem Heidi so traurig vor, dass es immer stärker nachsinnen musste, was es nur machen könnte, dass die Großmutter die Worte jeden Tag zu hören bekäme. Auf einmal fiel ihm die Hilfe ein, und es war so froh darüber, dass es meinte, es könne gar nicht erwarten, dass der Morgen wiederkomme und es seinen Plan ausführen könne. Auf einmal setzte das Heidi sich wieder ganz gerade auf in seinem Bett, denn vor lauter Nachdenken hatte es ja sein Nachtgebet noch nicht zum lieben Gott hinaufgeschickt, und das wollte es doch nie mehr vergessen.

Als es nun so recht von Herzen für sich und den Großvater und die Großmutter gebetet hatte, fiel es auf einmal in sein weiches Heu zurück und schlief ganz fest und friedlich bis zum hellen Morgen.

*Johanna Spyri*

# Tirol bei Nacht

Der Titel könnte trügen. Es handelt sich hier nicht um einen Streifzug durch die Angebote der Unterhaltung und des Amüsements in unserem Land. Es gibt ein wesentlich atemberaubenderes „Tirol bei Nacht“: Wer an einem Winterabend vom Berg ins Inntal hinunterschaut, lange nach dem letzten Lift, und das Finsterwerden erlebt, wie die Dunkelheit aus den Wäldern kriecht und die Lichter im Tal aufkommen, die stillen und die bewegten, bis der ganze Diamantensplitterteppich ausgebreitet ist – wer das erlebt, muss kein versponnener Mensch sein, um beim Anblick dieses „Tirol bei Nacht“ ins Sinnen zu geraten. Es kann recht gut der Anlass für eine weihnachtliche Nachdenkstunde des Seelsorgers sein.

Er kann „Tirol bei Nacht“ keineswegs nur als trauliches Wintermärchen sehen, das seinen sänftigenden Zauber über das Dasein breitet. Da gibt es doch harte Dunkelheiten, die aus den Winkeln und Abgründen des Menschlichen quellen.

## Die Liebe hat Kurzschluss

Ein neunjähriges Mädchen hat mir einen Brief geschrieben: „Meine Eltern wollen sich scheiden lassen. Ich habe sehr viel geweint. Aber vielleicht bringe ich sie doch noch einmal zusammen ...“ Sie wird sie, wie mir der Rechtsanwalt sagte, nicht mehr zusammenbringen. In vielen, allzu vielen Wohnungen und Häusern unseres Landes geht das Licht aus. Die Liebe hat Kurzschluss. Die Sicherungen brennen durch. Und unsere Gesellschaft bastelt unentwegt an immer schwächeren Sicherungen für die Lampe der Liebe in Ehe und Familie. Und so wird es dunkel, am dunkelsten für die Kinder.

Und da ist der Fixer, der sich im Altstadtwinkel – gar nicht weit von der Stadtkrippe – das weiße Pulver einhandelt. Und dann döst er auf der Bank vor der Fassade des Domes, und die ganze scheinwerferbestrahlte barocke Schönheit ragt hilflos über diesem Elend zum Himmel empor ... Die Verdüsterung der Seelenlandschaft in jungen Menschen ist eine beklemmende Dunkelheit der Gegenwart.

Mir kommt auch die alte Frau in den Sinn, die im Heim ihren Stuhl immer wieder ins Stiegenhaus rückt und dort

sitzt und die Treppe hinunterschaut und auf den Besuch wartet, der nie kommt. Auch mit der Vereinsamung fällt ein Stück Nacht ein, und ihr Frösteln zieht durch Wohnblöcke und Mietshäuser und schleicht um Anstaltsbetten. Es gibt noch viele Dunkelheiten in unseren Tälern, Versagen und Desinteresse, bis zu jenem kältesten Dunkel der Habgier, die bei der Miete für die feuchte Gastarbeiterwohnung den großen Schnitt macht.

## Lichter des Helfens und Schenkens

Aber damit ist „Tirol bei Nacht" nicht abgetan. Neben den nächtlichen Schatten zeigt sich auch das faszinierende Spiel der Lichter. Ich fühle mich keineswegs als Optimist vom Dienst, aber in diesem Jahr hab ich zu oft erfahren, dass es den Diamantensplitterteppich des Guten in unserem Land gibt.

Da sind die vielen freundlichen Lichter des Helfens, Schenkens und Betreuens: der junge Mann, der mit dem Rotkreuzwagen unterwegs ist; die Schülerin, die den Sonntagsdienst im Krankenhaus macht; die Jungscharführer, die sich um viele Tausend Kinder mühen; die Pfadfinder, die Behinderte an ihr Lagerfeuer holen; die Sternsinger, die in Nässe und Kälte für andere unterwegs sind; die Betreuer der Altenstuben, die auch keine Überstunden verrechnen; die Hauskrankenschwester, die ihre Runde treppauf, treppab macht; die fleißigen Hände, die sich für die vielen Basare rühren. Es gibt hierzulande ungenannt sein wollende Großmut, von der nur wenige wissen, die da und dort ein Helfen ermöglicht, für das sonst keine Mittel vorhanden wären. Und es gibt eine redliche Offenheit von Verantwortungsträgern, Gutes zu unterstützen. Einige junge Menschen besteuern sich freiwillig für die Dritte Welt, und Schulklassen beschließen, im Altersheim zu musizieren. Da ist ein Unternehmer, der immer wieder Strafentlassene anstellt und damit eine Chance für einen Neuanfang bietet, und dort müht sich jemand, beim schwierigen Weg aus dem Rauschgift die Hand zur Hilfe zu bieten. – Und wie die Autobahnen im nächtlichen Tirol zu Straßen des Lichts in Richtung Grenze werden, so gibt es auch helle Straßen der Hilfsbereitschaft in die Ferne: Lastzüge für Hungernde, Fertigteilhäuser für Erdbebenopfer, Tiefbrunnen für Durstige.

## Das Erwachen der Liebe

Neben diesem dynamischen und bewegten Funkeln und Leuchten grüßen auch die stillen Lichter, die einfach scheinen und ein Stück Welt und Heimat hell machen: das junge Paar, das mitten in einer veräußerlichten Welt ein echtes familiäres Leben und ein gutes Heim für seine Kinder aufbaut; der Schwerkranke, der mit seiner Lage zurechtkommt und nach dessen Besuch man sich betroffen fragt, wer nun eigentlich wen getröstet hat ...; die jungen Menschen auf der Nachtwallfahrt; und die stillen Beter in winterdunklen Kirchen, Wächter des Mysterium in einem Meer der Oberflächlichkeit; und nicht zuletzt der alte Priester, der im Bergdorf immer noch bei den Seinen aushält, im alten Widum, umgeben mit dem Komfort von anno dazumal – sozusagen ein tröstlicher Lichtpunkt im Abseits, über dem lauten Tal. Aber ich kann mich nicht in die Einzelheiten verlieren. Wer will in unserem Land am Abend die Lichter zählen? „Tirol bei Nacht“ heißt Dunkel und Kälte, Probleme und Abgründe in und um uns – das ist nicht zu leugnen. Aber es gibt eben auch dieses andere Phänomen: das immer wieder beginnende Erwachen der Liebe in den Herzen, das Aufbrechen des Guten, des Helfens und der Glaubenskraft in unserem Land. Wenn es auch im Einzelnen nur kleine Punkte sind, sie wachsen doch zu einer hunderttausend Sterne zählenden Milchstraße zusammen, die durch die Nacht der Zeit zieht. Und dieser Tanz der Lichter, dieser strahlende Strom hat seinen geheimnisvollen Ursprung in jener Nacht von Betlehem, in der das Kind geboren wurde, das von sich sagen konnte: Ich bin das Licht der Welt.

*Reinhold Stecher*

# Zu Betlehem, da ruht ein Kind

Zu Betlehem, da ruht ein Kind,
im Kripplein eng und klein,
das Kindlein ist ein Gotteskind,
nennt Erd und Himmel sein.

Zu Betlehem, da liegt im Stall,
bei Ochs und Eselein,
der Herr, der schuf das Weltenall
als Jesukindchen klein.
Von seinem gold'nen Thron herab
bringt's Gnad und Herrlichkeit,
bringt jedem eine gute Gab,
die ihm das Herz erfreut.

Der bunte Baum vom Licht erhellt,
der freuet uns gar sehr,
ach, wie so arm die weite Welt,
wenn's Jesukind nicht wär!
Das schenkt uns Licht und Lieb und Lust
in froher, heil'ger Nacht.
Das hat, als es nichts mehr gewusst,
sich selbst uns dargebracht.

O wenn wir einst im Himmel sind,
den lieben Englein nah,
dann singen wir dem Jesukind
das wahre Gloria.

*Annette von Droste-Hülshoff*

Von der Heiligen Christnacht
oben im Gebirge

# Es gibt so wunderweiße Nächte

Es gibt so wunderweiße Nächte,
drin alle Dinge Silber sind.
Da schimmert mancher Stern so lind,
als ob er fromme Hirten brächte
zu einem neuen Jesuskind.

Weit wie mit dichtem Diamantstaube
bestreut erscheinen Flur und Flut,
und in die Herzen, traumgemut,
steigt ein kapellenloser Glaube,
der leise seine Wunder tut.

*Rainer Maria Rilke*

# Weihnacht auf der Alm

Nicht ganz, aber beinahe auf der Alm steht das Haus. Vom Talboden klettert man gut zwei Stunden an den abschüssigen Waldhängen empor und kommt fast über die Waldgrenze hinaus in eine Hochmulde, wo halb versteckt das Gehöft liegt. Seiner Lage entsprechend heißt es „Beim Almhofer". Im Winter ist's da herrlicher als im Sommer. Während auf der Schattenseite, wo monatelang kein Sonnenstrahl hinkommt, ewige Nacht lagert, strahlt hier auf den Kämmen der Tagseite die Sonne mit einem Glanz und einer Lichtflut hernieder, dass man glaubt, es sei ein neues Gestirn und man könne die blendenden Reflexe nicht aushalten. Selbst auf die blaudunkle Schattseite hinüberwerfen die Reflexe ab und zu einen märchenhaften Schimmer, sodass sie von einem märchenhaften Rosaton angehaucht erscheinen.

Die prächtigen Halden liegen schneeweiß eingebettet im Schlummer, sie treten viel größer und breiter, die Abhänge viel steiler hervor als im Sommer. Welliger und weicher, wie ein ungeheures Federbett, dehnt sich die Alm; denn alle Senkungen werden vom Schnee ausgefüllt, die Hügel abgeebnet. Man sieht von hier tief in die Region der Hochalpen hinein, die sich mit ihren Kuppen und Zinnen, Türmen und Hörnern zur Winterszeit viel mächtiger und höher in blendendweißer Majestät aufbauen. Bei Sonnenaufgang und -untergang entwickelt sich ein Farbenspiel von bezaubernder Schönheit. Alle Farben, vom brennendsten Feuerrot bis zum glastenden Ockergelb, vom zarten Hochgrün bis zum satten Dunkelviolett, kommen und gehen auf den Breitflächen und Zinnen des Gletscherkreises, indem sie wahre Blumenstücke in den Wintergarten des Hochlandes malen. Da droben beim Almhofer lebte ein viel genannter Bauerndichter und „Leutprediger", mit dem ich mich seinerzeit stark angefreundet habe. – Der Almhofer-Jörg, ein Bruder des Bauern, war klein von Statur, aber untersetzt, hatte beinahe kindliche Gesichtszüge, eine hohe, geistreiche Stirn, schneeweiße Haare und wasserblaue Augen. Ganze Stöße von urwüchsigen, sinnreichen Liedern und Reimen hatte er gedichtet, die er bei Hochzeiten, Primizen und an Feierabenden in den Bauernhäusern vor einem andächtig lauschenden Publikum deklamierte oder nach einer selbst erfundenen Melodie vorsang. Noch lieber entfaltete er aber seine Kunst als sogenannter Leutprediger. In den abendlichen Heimgarten konnte man ihn, der da und dort die Geheimnisse der kirchlichen Festzeiten in seiner anschaulichen Dichtersprache auslegte und den Leuten teils in Versen, teils in Prosa originell ins Herz predigte, dass sein Publikum häufig zu Tränen gerührt wurde. Der Almhofer-Jörg war einer jener Bauernpoeten, wie wir sie nicht selten finden und die nicht nur Lehrer, sondern auch Lieblinge des Volkes sind ... Einmal hat mir der Jörg die innere und äußere Weihnachtsfeier beim Almhofer in schwungvoller Rede und Dichtung geschildert. Ich will einige Züge hierhersetzen: Der Jörg erzählte:

„... Am Heiligen Abend, sobald es zu dunkeln anfängt, erscheinen die ‚Sternsinger'. Voraus schreitet ein als Engel gekleideter Bub, der den goldenen Stern trägt, hinter ihm kommen, als Heilige Drei Könige und Krippenhirten gewandet, die anderen Sänger. Sie stellen sich in einer Reihe um die Weihnachtskrippe in der Stube und lassen im vollen Chor ihre Wecklieder und Christnachtsgesangeln ertönen."

Als ich den Jörg ersuchte, er möge mir einen Sternsinger-Reim vortragen, rief er Brosl, den Großknecht, herein, und die beiden Alten sangen zur Klaubzither mit ihren kräftigen Stimmen folgendes Lied:

„Ihr Hirten, stehts nur auf allg'schwind,
Schauts fürhin' in die Stadt!
Söchts, wie beim Stall a Foiarl brinnt,
Wers öppar unzündt hat?

Hö, Lippei, heb auf dein Kopf,
Sonst reiß' i di außer beim Tschopf.
Und gehts nur g'schwindi nachifrog'n,
Was sich hat zugetrog'n, was sich hat zugetrog'n!

Hö, Hansal, hörst denn nit das G'sang
Da draußen auf der Heid?
Lous, Veitl, decht dem Musikklang.
Es is a wohre Freud'.

Dös können Leut' nit sein.
Die Musi ist zu fein:

Ja, ja, i glab, seind Engal gor,
I siach a ganze Schor, i siach a ganze Schor.

Den Nachbarsleut'n müssen mir's sog'n,
Sonst war's uns decht a Spott,
Dass sie dem Kindal Opfer trog'n,
Weil's is der wohre Gott.

Veit, schieb'n ein' Toler ein,
Wenn du sein Göt' willst sein.

I nimm a Pfoadl und a Kiss,
Weil's gor a so noatig is, weil's gor a so noatig is.

Und bald mir kemman zu dem Stall,
Nacher nehmts den Huet in d' Hond;
Seids nit so grob a decht amal
Und macht's mir heunt ka Schond'.

Wissts wies grüßen müsst?
Gelobt sei Jesus Christ.
Der heunt für uns im Krippal leit,
Juchhe, dös is a Freud', juchhe, dös is a Freud'.

Und bald mir kemman zu dem Kind,
Nachher lassts mi glei vorun!
Die Zehn Gebot' sog ich ihm g'schwind,
Nachher woaß er, dass i's kun".

Stimmts d' Geig'n und 's Klarinett,
D' Harfn a dazue, dass 's geht!

Dös Ding wird' nacher 's Kindal freu'n
Und recht sonft schläfern ein,
Und recht sonft schläfern ein.

Das Kindal leit im Krippelein
Und hat vor Kält ka Rueh,
Gehts, machts ihm decht die Füßlan ein
Und hüllts es besser zue!

Mei' Pelzkapp' lass i hint,
Meine Handling a fürs Kind;

Mei' Seel' und Leib ihm gonz verschreib'
Und ewig treu verbleib' und ewig treu verbleib'!

„Die Sternsinger werden reichlich bewirtet“, fuhr der Jörg fort, „und ziehen dann in andere Häuser. Man schließt hierauf alle Türen, und der ganze Hof wird mit einer Glutpfanne, worauf die geweihten Palmkätzchen und die am Frauentage gesegneten Blumen brennen, ausgeräuchert. Alle Zimmer werden mit Weihwasser besprengt, Bauer und Großknecht beten während der Räucherung zwölf Vaterunser, um den Einfluss des Bösen in den heiligen Nächten zu vertreiben. Nachdem von allen Hausleuten der ganze Psalter (die drei Rosenkränze, d. V.) gebetet und die drei Evangelien: zum Engelamt, Hirtenamt und Königsamt vorgelesen sind, geht's zum heiligen Mahl. Es ist dies ein besonders reichliches Essen mit den eigentümlichen Weihnachtsspeisen. – Zuerst rückt das Schmalzmus auf den Tisch, dann eine Pfanne Weihnachtsbrei. Der Brei ist schneeweiß, es liegen rotwangige Apfelstücke und schwarze ‚Weinbeerlen‘ drin, welche mit dem Brei recht hübsche Kindergesichtchen bilden. Hernach erscheint das eigentliche Weihnachtsgericht: die süßen Krapfen. Diese Krapfen, viel größer als die gewöhnlichen, kommen auf einem weiten Teller nach Art der Dachschindeln übereinanderzuliegen. Mit einem Teig aus Mohn, Birnmehl und Zucker bestrichen, wird jede Lage noch mit heißen Schmalz und Honig übergossen. Das Ganze schaut aus wie ein riesiger Tannenzapfen, an welchem außen herunter die Goldtropfen und Silberfäden von Honig und Schmalz sich ziehen. An einem richtigen Weihnachtskrapfenstock dürfen diese schillernden, süßen Eiszäpfchen nicht fehlen. Zum Schlusse rollen die Äpfel, Birnen, gebratenen Kastanien, Nüsse usw. über den Tisch und wird der Weihnachtszelten (Weihnachtsbrot) an-

geschnitten. Das Vieh im Stalle erhält ebenfalls eine besser Mahlzeit. – Selbst Feuer, Wind und Wasser werden an diesem hochfestlichen Abend mit Brot gefüttert …
In der Heiligen Nacht tut sich der Himmel ein wenig auf, und Sonntagskinder, die ein reines Herz haben, dürfen einen Blick hineinwerfen. Sie hören auch die Engel singen, aber nur ein paar kurze Augenblicke.

O du mein Gott, du mein Gott,
Singen Engelein so fein,
Singen aufe, singen abe,
Schlagen Trillerlein drein!

Draußen auf der Alm suchen die Engel ein Plätzchen aus, und da beginnt auf einmal mitten in der Nacht die Sonne zu scheinen. Der Schnee schmilzt weg wie Butter, und auf den grünen Fleck legt die Muttergottes das holdselige Christkind nieder. Ein wunderbares Klingen geht durch die Lüfte.

Kling, kling, Glöcklein!
Drei Englein in goldenen Röcklein:
Eins spinnt Seiden,
Eins flicht Weiden,
Eins schließt den Himmel auf,
Lässt ein bisschen Sonn' heraus.

Lässt ein bisschen drin',
Daraus die Liebfrau Maria spinn'
Ein Röcklein für ihr Kindelein.

Da rücken die hohen Berge alle näher heran und neigen ihr Haupt. Die Vögel werden munter: Aber auch die Blümlein alle, die im Sommer da oben geblüht haben, dann gestorben und unter die Erde gesunken sind, die wachen plötzlich auf: Edelweiß und Almrösl, Brunellen und Speik, Engelshut, Liebfrauenglöcklein und Schneeäugl; dann kommen Blumen und Vöglein in langer Prozession zum Christkind und singen miteinander ein Lied, das so schön und rein ist wie die Musik im Himmel. Nur ganz unschuldige Seelen können das Lied hören, weil dieses Stück noch aus dem Paradiese herstammt, wo auch die Blumen reden konnten. – Das dauert aber nur so lange, als die Glocken drunten in der Kirche zum Gloria läuten. Sind die Glocken verstummt, sinkt alles wieder in Nacht und Schlaf. – Selbst reden hört man die Tiere in der Heiligen Nacht. Der Hahn ruft: ‚Christ ist geboren!' Der Hund fragt: ‚Wo? Wo? Wo?' ... Die Schafe sagen: ‚Z' Betlehem! Z' Bethlehem!' Der Geißbock: ‚Mecht hingehn! Mecht hingehn!' Der Esel: ‚Ja, ja!' – Im Stall tut das Vieh sogar eine Stunde lang mitsammen reden.

... Bevor die Hausleute zur Mitternachtsmesse in das Dorf hinuntersteigen, wird noch der ‚Wolfssegen' gesprochen. Dieser Brauch stammt aus der alten Zeit, da der nächtliche Gang zur Christmette durch die wilden Tiere gefährdet war, den Segen als Erbstück der heiligen Feier beibehalten. Wunderbar ist der Kirchgang in heller Nacht. Mondschein liegt auf den Bergen, flimmert um die Hochkuppen und Spitzen, die wie ungeheure weiße Tempel dastehen, huscht durch den Wald, blitzende Lichter springen von Ast zu Ast, Eiszäpfchen klingen und knallen. Wenn man stille steht und

horcht, vernimmt man die traurigen Stimmen der Berggeister, der ‚Saligen Fräulein' auf der Alm, der Zwerge in den Eishöhlen, der ‚Norken' am Stein, die ausgeschlossen sind von der Seligkeit und dem Heile der gnadenvollen Nacht – man hört ihr jammervolles Schluchzen, ihr sehnsüchtig Klagen und Wimmern. Von der Kirche herauf aber singen die Glocken den lauten Weihnachtsjubel in die Berge."
So erzählte der Jörg, nicht gerade in diesem Wortlaut, aber genau dem Sinne nach.

*Reimmichl*

# Christnacht über den Bergen

## Eine Vision

Sanft eingeschlummert, hatt' ich ein' Traum,
Das war kein Dunst und kein leerer Schaum:
Ich stand auf ein' himmelhohen Berge,
Der Ortler und Glockner waren daneben
nur Zwerge,
Das ganze Tirolerland lag tief unter mir,
Wie eine Landkart', doch nicht von Papier.
Ich sah alle Berge, Riegel und Alpenspitzen
Und Jöcher und Kuppen, worauf die Wolken
sitzen,
Verschlungene Täler und finstere Schluchten,
Die tief in die Wälder hinein sich bohren
und buchten;

Ich sah die Bächlein und Flüsse wallen und gehen
An Hängen hinunter zu den blauenden Seen;
Die Städte und Dörfer alle, ein jedes Haus,
Die Kirchen, Kapellen sah ich landein, landaus
Kurzum, das ganze Landl Tirol akkurat
So schön, wie's der Herrgott erschaffen hat.
... Im Schauen und Sinnen, da war mir's klar
und bekannt:

Die weihe Heilige Nacht lag über dem Land.

Engelein haben die Himmelsfenster geputzt
Vom Schnee verweht, von Sonnenstäublein
beschmutzt,
Auf dass sie mit ihren Funkelaugen
Noch heller können aufs Landl schaugen.
... Da horch, vom Landl herauf ein Glockenläuten!
Es klingt von drinnen und draußen,
von allen Seiten:
Die „Sext" im Brixner Domkirchturm
Fangt an mit gewaltigem Surm,
Die Klausner und Sterzinger Glocken,
die fallen ein.
Brunecken und Taufers wollen auch.
In Neustift „die Alte" mit ihrem grollenden Basse,
Die summt und brummt gespenstig über die Gasse,
Und hundertstimmig klingt das Innsbrucker
G'läut,
Vor allem „die Neue" zur Heil'gen Dreifaltigkeit,

Die ist ja männig berühmt und genannt
Als größte und schwerste im ganzen Tirolerland.
Und neue und neue Stimmen setzen an,
Die Pfarrglocke von St. Johann,
In Schwaz das silberne Knappengeläut,
Die Wolken- und Wetterglocke von St. Veit;
Von Bozen, St. Pauls, von Meran und von
Schlanders,
Von Lajen, von Gröden, Feldthurns, Villanders,
Vom Ritten, von Mölten, Passeier und Sarthein,
Da klingt es und schwingt es in mächtigen Fugen
darein.
Durchs Wipptal heraus, das Inntal hinauf
Und hinunter,
In Giebeln und Türmen wird's laut und wird's
munter,
In Stams und Landeck, in Zell und Brixlegg
und so weiter,
Ich kenn nicht all die Glocken, all die Geläuter.
... Da ist ein Tönen und Schallen von fern
und von nah,
Ein Jubeln und Hallen, bald dort und bald da,
Ein Summen und Brummen hin und wieder,
Ein Klingen und Schwingen auf und nieder ...
Ich kann's nicht erzählen, beschreiben –
ich war wie gebannt
Vom mächt'gen Zusammengeläut im Tirolerland. –
Und schon ward's auch in den Häusern lebendig,
Viel Flämmlein tanzen behendig

In Stuben und Zimmern,
Die Fenster, die flimmern;
Und da kommen heraus
Von Hütte und Haus
Die Lichterlein,
Dort eines allein
Und da ein Schippel beisammen;
Sie flackern und flammen,
Und wallen und wandern,
Die einen hinter den andern,
Und ziehen zuletzt in feuriger Kette
In die Kirchen hinein zur Christnachtsmette.
Mit einmal fängt's auch an zu leuchten,
zu funkeln, zu blitzen
Auf den Graten und Fernern und Bergesspitzen:
Der Feiler, der Rieser, der Monte Kristall,
Die schimmern und flimmern wie Edelmetall,
Der Ortler steht da wie ein' brennende Kerz',
Vernagt und die Weiße Kugel wie glühendes Erz,
Der Rosengarten, der Peitler, der Schlern,
Der Elfer, der Zwölfer, die leuchten wie
eine Latern',
Das Zuckerhütl, das glänzt wie Karfunkel,
Die Hohe Salv' und der Kaiser stehn noch
im Dunkel.
Da guckt schon über die Großglocknerwand
Der Mond mit sein' Silbergesicht herein in
das Land,
Geht langsam über die Alpeiner-Scharten

Am Habicht tut er rasten und warten,
Aufs Rothorn und die Dreiherrenspitzen
Tut er silberne Tropfen schwitzen.
... In dem Leuchten und Schimmern
und schallenden Glockengetümmel
Eröffnet auf einmal die goldenen Pforten
der Himmel,
Und tausend Engel sieht man herniederfliegen,
Die in ihren Armen das wonnige Christkind
wiegen.
Da jubelt und jauchzt durch alle Täler ein Schall:
Christus natus est, alleluja!
Und Berge und Wälder gehen den Widerhall:

„Der heilige Christ ist geboren, Huijuja!"

Und alles wird jetzt lebendig und munter
und wach,
Die Vöglein im Wald, die Fischlein im See
und der Bach;
Die Bäume und Sträucher hört man wundersam
rauschen,
Mit den Felsen flüstern und Grüße tauschen.
... Wo hoch auf der Alm sich bettet haustiefer
Schnee,
Da wachsen auf einmal lebendige Blümlein
in d' Höh,
Und wie sie die farbigen Köpflein lüpfen,
Sieht man aus jedem ein munteres Englein hüpfen,

Schneeweiße Englein, die in die Häuser fliegen,
Wo Kinder unschuldig in ihren Bettchen liegen,
Und tun die Kinderlein herzen und küssen,
Dass diese im Schlafe hell auflachen müssen.
Da horch! Es ertönen himmlische Lieder
Aus Engelsmunde von oben hernieder:
„Gloria in excelsis Deo et in terra pax hominibus!
Lob, Ehr' und Preis in der Höhe dem Herrn,
Der euch so weise sein' Gnad' tut aufsperr'n,
Dass er sei'm Kinde, zart und linde,
lasst tragen eure Sünde!
Fried' auch auf Erden den Menschenkinden,
Bei den wir guten Willen finden;
Denn es ist heute euch, viel armen Leute,
Christus nit weite ..."
... Da hat mich etwas erschreckt
Und mich jäh aus mein' Traum aufgweckt;
Ich bin niedergefall'n auf die Knie
Und hab herzheiß gebetet wie nie:
„Verzeih uns gnädig unsre Schuld und Sünd',
Und bleib immer bei uns, lieb Jesukind.
Unser Landl ist klein, darf niemand drinn' sein
Als du, der heilige Christ und Herrgott, allein!
Wir g'hören ja z'sammen und bleiben beisammen,
Du, unser Herr, und Tirol in Ewigkeit. Amen."

*Reimmichl*

# Weihnachten in der Berghütte

Es war sehr viel Schnee zu Weihnachten gekommen, das kleine Haus droben in den Bergen steckte nicht mit viel mehr heraus als mit dem Dach und den beiden obersten Balken. Es war übrigens auch nur eine Hütte, ein Häuslerplatz für eine Kuh, ein Schwein und ein Lamm.

Hier wohnte die Familie Sommer und Winter für sich allein.

Der Mann hieß Tor und die Frau Kirsti; und sie hatten fünf Kinder, die Timian bis Kaldäa hießen. Die Kaldäa war im Dienst unten im Dorf, und Timian hatte es durchgesetzt, nach Amerika zu gehen. Die drei Kinder, die noch zu Hause waren, waren zwei Jungen und ein Mädchen: Rinaldus, Didrik und Tomelena. Tomelena nannte man für gewöhnlich nur Lena.

Es war, wie gesagt, zu Weihnachten unmäßig viel Schnee gefallen, und der alte Tor hatte den ganzen Tag Schnee geschaufelt, sodass er ganz müde und abgearbeitet war. Nun hatte er alles gelesen, was für den Weihnachtsabend im Gesangbuch stand, und sich danach mit der Pfeife im Munde aufs Bett gelegt. Die Frau kochte am Herd, indem sie die ganze Zeit in der Stube hin und her ging und immer noch etwas zu ordnen fand.

Hat das Vieh schon was zum Abend bekommen, fragte Tor.

Ja, freilich, erwiderte die Frau.

Tor rauchte wieder ein Weilchen und sagte dann, indem er an seinen Bart lächelte:

Was kochst und brätst du da den ganzen Abend, Frau? Ich begreife gar nicht, wo du das alles hernimmst.

Oh, ich bin reicher, als ihr glaubt, erwiderte Kirsti, und sie lachte selbst über den Scherz.

Beim Abendessen sollte die Familie auch einen Schnaps haben, das war alter Brauch, und Rinaldus war derjenige, der in die Gläser einschenken sollte. Das war für ihn ein feierlicher Augenblick; er sollte die Karaffe mit den großen gemalten Rosen in seinen Händen halten. Aller Augen beobachteten ihn.

Halte die Rosenkaraffe in der linken Hand, wenn du Leuten eingießt, die älter sind als du, sagte der Vater. Du bist alt genug, etwas anzunehmen und etwas zu lernen.

Und Rinaldus nahm die Rosenkaraffe in die linke Hand. Er goss so vorsichtig ein, dass es ein förmliches Schauspiel war, streckte dabei die Zunge heraus, legte den Kopf auf die Seite und goss.

Die Abendmahlzeit war das reine Festessen, es gab Fladenbrot, Sirup und ein Ei für jeden. Außerdem konnte man sehen, dass es Weihnachten war, denn es gab noch Butter zum Brote.

Tor sprach laut Luthers Tischgebet.

Aber nach der Mahlzeit irrte sich der kleine Didrik im Tage, ging zum Vater und zur Mutter und gab ihnen die Hand zum Dank fürs Essen. Der Vater ließ es ihn tun, bevor er etwas sagte; als er aber fertig war, sagte Tor doch:

Du solltest uns heute Abend nicht für Essen danken, Didrik. Es ist gerade nichts Verkehrtes dabei; aber du weißt, am Neujahrsabend sollst du für das Essen danken. Didrik war nun so beschämt, dass er sich ganz zusammenduckte, und er brüllte beinahe los, als die Geschwister über ihn zu lachen begannen.

Tor hatte sich wieder mit der Pfeife im Munde auf das Bett gelegt, und die Frau wusch die Tassen ab.

Ja, das war ein tüchtiger Schneefall, den wir hatten, sagte sie.

Er ist wohl auch noch nicht zu Ende, erwiderte Tor. Der Mond hat einen Hof, und die Elstern fliegen dicht am Boden.

An einen Kirchengang ist für morgen wohl nicht zu denken, was?

Ach, Gott behüte. Du hast wohl nicht im Kalender nachgesehen, wenn du morgen auf Kirchgangswetter hoffst. Wie ist denn da der Aspekt?

Er sieht wohl nicht besser aus als ein Kalb ohne Beine. Ich würde sonst nicht so schlecht davon reden.

Nein, wirklich!

Gib meine Brille her, Rinaldus, aber lass sie nicht auf den Boden fallen, fuhr Tor fort. Und er untersuchte noch einmal den gefährlichen Aspekt. Ja, da siehst du, sagte er zur Frau. Es ist nicht besser, als ich sage.
Jesus behüte uns alle, meinte Kirsti und faltete ihre Hände. Bedeutet das da Unwetter?
Ja, das bedeutet Unwetter. Aber das hier ist doch wohl noch nicht der schlimmste Aspekt. Wenn du einen von der richtigen Sorte sehen willst, dann sieh dir hier den fünften Februar an. Das ist wohl kein Geringerer als der Antichrist selbst, mit zwei Hörnern.
Jesus, Gott behüte uns! Und Timian, der in Amerika ist. Nach diesem Ausruf trat für ein Weilchen Stille in der kleinen Stube ein. Draußen begann es zu stürmen und der Schnee zu fegen. Die Kinder unterhielten sich miteinander und vergnügten sich mit verschiedenen Dingen; die Katze ging von einem zum andern streicheln.
Ich möchte wohl wissen, was der König am Weihnachtsabend isst, brachte Didrik hervor. Ha ha, da gibt es wohl feine Butter und süße Kuchen, rief die kleine Lena, die erst acht Jahre alt war und es nicht besser wusste.
Denke, süßen Kuchen! Und dann auch noch Butter darauf, sagte Didrik. Und der König trinkt wohl eine ganze Rosenkaraffe allein aus?
Aber Rinaldus, der der Älteste war und bereits weit in der „Auslegung" gekommen, lachte über das Gerede laut auf: Nur eine Rosenkaraffe? Ha ha, der König trinkt mindestens zwanzig!
Zwanzig, sagst du?

Ja, die trinkt er mindestens.
Nein, bist du verrückt, Rinaldus! Es ist unmöglich, mehr als zwei zu trinken, sagte die Mutter, die am Herde stand. Aber nun mischte sich auch Tor hinein.
Was faselt ihr da, sagte er. Glaubt ihr denn etwa, der König trinkt solchen gewöhnlichen Schnaps? Der König trinkt etwas, was Schampanertrunk heißt, will ich euch sagen. Davon kostet eine einzige Flasche fünf bis sechs Kronen, je nachdem wie die Preise in England sind. Und den trinkt der König von frühmorgens bis spät am Abend, nichts als Schampanertrunk. Und jedesmal, wenn er ein Glas ausgetrunken hat, stößt er es so hart auf das Tablett, dass es zersplittert, und sagt zur Prinzessin: Nimm es fort, sagt er!
Aber in Jesu Namen, warum zersplittert er denn die Gläser, fragt Kirsti.
He, solch eine Frage! Glaubst du, dass er sich herablässt, die ganze Zeit aus ein und demselben Glas zu trinken, so ein Mann, wie der ist?
Ich begreife nicht, Tor, woher du immer alles weißt, sagt die Frau ganz still.
Ach, erwidert Tor, bei mir hapert's auch manchmal; es war zwar nicht so leicht zu meiner Zeit, vor dem Pfarrer zu bestehen. Damals musste man seine Dinge können. Dann erhob sich Tor, legte die Pfeife fort und fragte nach dem Pulver. Er wusste wohl, wo es versteckt war, denn er hatte es selbst am Fußende des Bettes vergraben, als er mal vom Krämer kam; aber er fragte doch danach und rief dadurch eine feierliche Stimmung in der Stube hervor.

Als das Pulver hervorgeholt war, teilte er es in drei gleiche Teile und packte es in dreieckige Papierstücke ein. Dann setzte er die Mütze auf. Die Kinder versammelten sich neugierig um ihn und baten, mit ihm gehen zu dürfen, denn sie wussten, was bevorstand. Und bald saß Kirsti allein in der Stube.

Tor und die Kinder arbeiteten sich bis zum Kuhstall durch, sie wollten das Pulver verbrennen. Der Schnee fegte wild um sie herum. Tor machte das Zeichen des Kreuzes, dann öffnete er die Stalltüre und machte abermals das Zeichen des Kreuzes, nachdem er eingetreten war. Der Stall lag im Halbdunkel, alles war still, man hörte das Wiederkauen der Kuh. Tor zündete ein Lichtstümpfchen an und steckte dann die Pulverpäckchen an, eins für die Kuh, eins für das Schwein und eins für das Lamm; die Kinder sahen mit heimlichem Beben zu, keines von ihnen sagte ein Wort. Dann machte Tor wieder das Zeichen des Kreuzes und ging. Er rief nach Lena, die zurückgeblieben war, um das Lamm zu streicheln, dass sie sich sputen möchte und kommen. Und Tor und die Kinder kehrten wieder in die Stube zurück. Das ist ein richtiges Wetter draußen, sagte er, der ganze Berg steht wie im Rauch.

Er legte sich wieder aufs Bett, bis der Kaffee fertig war, während die Kinder mit Kleinigkeiten sich am Tisch zu beschäftigen begannen. Sie wurden immer lauter und lachten dazu bisweilen über die geringfügigsten Dinge. Tor sprach durch das Zimmer hin zu seiner Frau.

Ja, ich möchte wirklich wissen, was ... Nein, Kinder, ihr lärmt so, dass man sein eigenes Wort nicht versteht ... ich möchte

wirklich wissen, wo ich hinsoll und mich wieder nach ein bisschen Arbeit umsehen, sagte er.
Die Frau goss Kaffee ein.
Ach, da findet sich schon Rat mit Gottes Hilfe, erwiderte sie. Vielleicht gibt es unten im Dorf ein wenig Drescharbeit. Ach ja, da findet sich schon was ... Komm, trink nun Kaffee.
Als Tor seinen Kaffee getrunken hatte, zündete er wieder seine Pfeife an. Er zog die Frau zur Türe hin und flüsterte dort ein Weilchen mit ihr, sodass die Kinder sich fast verrückt lauschten, um zu hören, was da gesagt wurde. Als aber die kleine Lena ihren naseweisen Kopf zwischen die Eltern stecken wollte, wurde sie schnell fortgeschoben, und die Brüder riefen ihr schadenfroh zu: Siehst du, da hast du's!
Aber Klein Lena war doch so nett und lieb, dass niemand das Herz hatte, sich über sie lustig zu machen. Darum gab Rinaldus ihr auch gleich darauf einen großen, blanken Knopf und erfreute sie mit dem wenigen, was er hatte.
Der Vater ging zum Schrank hin und nahm dort ein Paket herab. Dieses Paket enthielt eine Sendung von Timian in Amerika, eine Boa aus weichem schwarzem Fell und mit Quasten. Timian hatte wohl daran gedacht, wie kalt es dort oben in den Bergen im Winter war, und dann hatte er diese Boa heimgesandt, die die wärmste Halsbinde war, die er je gesehen hatte. Sie war wohl auch nicht so billig gewesen.
Aber wer sollte nun die Boa haben? Tor wie auch seine Frau hatten über die Frage des langen und breiten nachgedacht und endlich bestimmt, dass Rinaldus sie haben sollte; denn Rinaldus wäre der Ältere, außerdem hatte er

oft Gänge ins Dorf zu machen, sodass er wohl etwas Warmes brauchen konnte.

Rinaldus, komm her, sagte Tor. Hier ist eine Halsbinde von Bruder Timian für dich. Und das ist eine gehörige Halsbinde! Aber du musst vorsichtig damit sein, damit du noch etwas Feines um den Hals hast, wenn du vor dem Pfarrer stehst. Da, verbrauch sie mit Gesundheit!

Nun entstand eine Verwunderung und Freude, an der alle teilnahmen. Die weiche Boa wurde eine halbe Stunde lang beschaut und befühlt, und die kleine Lena ward nicht müde, mit ihren kleinen blauen Händchen darüber hin zu streichen. Aber sie durfte sie nicht fest umlegen, nein, ja nicht umlegen, sie wäre noch zu klein dazu. Dagegen bekam Lena ein kleines Licht, und dieses Licht zündete sie fortwährend an und löschte es wieder aus, denn sie konnte es sich nicht leisten, es brennen zu lassen. Didrik war der Einzige, der nichts bekam; aber der Vater versprach ihm eine ganz neue biblische Geschichte, sobald er mit Drescharbeit im Dorfe unten ein wenig Geld verdienen könnte.

Der Schnee trieb immer dichter gegen die Scheiben, und bisweilen fiel sogar Schnee durch den Schornstein herab bis ins Feuer auf dem Herde. Es war schon spät und Zeit, zu Bett zu gehen; morgen gab es wohl wieder dieselbe Arbeit mit dem Schneeschaufeln.

Ja, geht nun auf den Hängeboden hinauf und legt euch zu Bett, Kinder, sagte Tor. Betet zu Jesus, bevor ihr schlaft, und macht das Zeichen des Kreuzes über Gesicht und Brust.

Und die Kinder krochen dann, eines nach dem andern, die Leiter hinauf. Rinaldus durfte seine Boa, in Papier eingewickelt, mitnehmen, und Lena kam mit ihrem Lichte in der Hand nach ...

Um zwölf Uhr, als alle schliefen, hörte die Mutter in der Stube oben etwas rascheln. Sie rief hinauf, ob jemand oben wach wäre. Keine Antwort. Alles blieb still.

Ein Weilchen später trippelten kleine Füße über den Boden, die vorsichtigsten Schritte, die man kaum noch hören konnte – das war die kleine Lena, die sich doch im Dunkeln zu der Boa hingeschlichen hatte, um sie umzulegen, und nun schreckliche Angst hatte, dabei ertappt zu werden.

Die feine Boa! Es war der weichste Gegenstand, der je in der Berghütte gewesen war, und Rinaldus benutzte sie nur zweimal mit größter Vorsicht beim Kirchgang. Aber trotzdem begannen im Sommer jämmerlich die Haare auszufallen, und in die Quasten kamen wahrhaftig die Motten.

*Knut Hamsun*

# Die Heilige Nacht

Gesegnet sei die Heilige Nacht,
die uns das Licht der Welt gebracht! –

Wohl unterm lieben Himmelszelt
die Hirten lagen auf dem Feld.

Ein Engel Gottes, licht und klar,
mit seinem Gruß tritt auf sie dar.

Vor Angst sie decken ihr Angesicht,
da spricht der Engel: „Fürcht't euch nicht!"

„Ich verkünd euch große Freud:
Der Heiland ist geboren heut."

Da gehn die Hirten hin in Eil
zu schaun mit Augen das ewig Heil;

zu singen dem süßen Gast Willkomm,
zu bringen ihm ein Lämmlein fromm. –

Bald kommen auch gezogen fern
die Heilgen Drei König' mit ihrem Stern.

Sie knien vor dem Kindlein hold,
schenken ihm Myrrhen, Weihrauch, Gold.

Vom Himmel hoch der Engel Heer frohlocket:
„Gott in der Höh sei Ehr!"

*Eduard Mörike*

# Weihnacht in der Bergheimat

Weihnachten ist dem Bewohner des Gebirges die heilige Zeit mit Auszeichnung. Zwei Tage vorher beginnt das Scheuern und Putzen. Es gibt kein Haus, welches da nicht gereinigt wird, und die Sorgfalt, mit der es geschieht, erscheint in der Tat merkwürdig. Das freudvolle Fest der Kindheit, welches man im größten Teile von Deutschland mit Lichtern auf dem grünen Weihnachtsbaum, mit Geschenken und frohem Beisammensein feiert, heißt hier der Bacheltag. Sein Aussehen ist aber hier ein ganz anderes, als man es sich in herkömmlicher Weise vorstellt.

Schon der Anfang davon ist ein solcher, wie er der Überlieferung in anderen deutschen Landen völlig widerspricht. Anstatt mit lustiger Erwartung der Dinge, welche da kommen werden, beginnt er mit Fasten. Mittags wird nichts als eine Erbsensuppe aufgetragen und damit sind die stofflichen Genüsse des Tages abgeschlossen.

Anders verhält es sich dagegen mit geistlichen Übungen.

Nachmittags wird in die Kirche gegangen, gebeichtet und wie vorher das Haus, so nunmehr auch das Gewissen gereinigt. Man kann sich ja nunmehr alle Zeit zum Kirchengehen gönnen – sämtliche Hausarbeit ist mit dem Hinblick auf die bevorstehenden Feiertage schon abgetan und wenngleich der Tag selbst noch unter die Arbeitstage gerechnet wird, so hält man sich für hinlänglich entschuldigt, in Geistlichem des Guten übergenug zu tun.
Um ein Uhr nachmittags ertönt vom Kirchturm herab das Zeichen des allgemeinen Feierabends durch die Einöden der verschneiten Berge. Dieser Glockenschall gibt zugleich die Veranlassung, sämtliche Räumlichkeiten in Haus und Hof zu durchräuchern. Dieses geschieht teils mit dem gewöhnlichen Kirchenweihrauch, teils mit der Wurzel des sogenannten Speik, der Valeriana celtica, einer Alpenpflanze, die ja, wie man weiß, sogar nach dem Fernen Osten, den Bädern Asiens, als wohlriechendes Räucherungsmittel geschafft wird. Während des Räucherns wird von allen Hausgenossen gebetet, und die Stuben werden zugleich mit Weihwasser besprengt, welches man sich aus der Kirche mitgenommen hat. Wenn ich vorhin gesagt habe, dass die stofflichen Genüsse des Tages beschränkt sind, so nehme ich davon das Abendessen aus, welches an diesem Tage sogar mit einer gewissen Lockerheit, wie es eben diese armen Leute verstehen, hergerichtet wird.
Unter diesen Leckerbissen hat man in der Regel Nudeln zu verstehen, die mit Weinbeeren oder Honig zubereitet sind und welche sich auch die Dürftigsten bei solcher Gelegenheit nicht leicht versagen.

Aber nicht nur die Menschen gedenken des Festtages, sondern auch die Tiere will man nach alter germanischer Weise an der guten Zeit der Hausgenossen teilhaben lassen. Man nimmt Reisig der Wacholderstauden, zerhackt dasselbe ganz fein, vermengt es mit geweihtem Salze, welches die Hand des Priesters berührt hat, oft auch mit Hafer und Kleien, und schüttet es ihnen in die Futtertröge. Diese festtägliche Speise der Tiere wird „Leckat" genannt. Wenn die Dämmerung einbricht, stellt man ein Licht, und zwar eine Wachskerze, auf den Tisch. Dieses Licht lässt man fortbrennen fort bis zum Tagesanbruch und ist eine Kerze dem Erlöschen nahe, so wird sie durch eine neue ersetzt. Von der Wache, die während des Kirchganges im Hause zurückbleibt, wird Obacht gegeben, dass sie nicht durch irgendeinen Zufall erlösche. Das wäre ein Zeichen von schlimmer Vorbedeutung und würde den Tod eines Menschen im Hause anzeigen.

Im Übrigen trachtet man danach, beim Scheine dieser Kerze sich in einer feierlichen Stimmung zu erhalten. Possenhafter Lärm und unnütze Reden werden an diesem Abend nicht geduldet, im Gegenteile derselbe durch Erzählen alter Geschichten, Vorlesen aus irgendeinem frommen Buch oder auch mit erbaulichen Liedern geehrt. Die Nachbarsleute kommen zueinander auf Besuch und verbringen auf diese Weise die Zeit, bis die mitternächtliche Stunde der Mette herankommt, das Schlafen vor dieser Stunde aber gestattet man nur den Kindern und den Greisen.

Zu Mitternacht geht alles in die Kirche mit Ausnahme einer Wache und eines weiblichen Dienstboten, welch Letzterer die Speisen für diejenigen herzurichten hat, welche aus der Kirche zurückkehren. Denn die Leute, die am Tage nur Fastenspeisen gegessen haben, sind dann hungrig und wollen nunmehr den Christtag mit Suppe, Geselchter und Würsten einweihen.

Dieses sind in den bezeichneten Gegenden die Gebräuche der Christnacht. Sie erleiden mancherlei Abänderung im Kleinen wie im Großen. Unmöglich wäre es, diesen Stoff erschöpfend zu behandeln, und so schließe ich damit, dass ich manchem Leser wünsche, er möge einmal die Weihnacht in den Bergen schauen, wenn die mitternächtlichen Glocken hallen und rote Fackelpunkte von hoch gelegenen Ansiedlungen zur Tiefe wandeln. Dann gleichen die Lichter der einen Sonnenwende schier denen der andern – denn die Fackeln glühen jetzt draußen wie die Leuchtkäfer der dunstigen Sommernacht.

*Heinrich Noé*

# Der Christkindlvater

In Tiefenbach war er daheim – der Aßmair-Seppl. Diesen Namen hörte er jedoch selten, weil die Leute ihn allgemein nur den Krippenseppl hießen. Er war ein buckliges Männlein, hoch in den Sechzig, hatte ein krummes, holperiges Gehwerk, ein rotes Gesicht, winzige hellgraue leuchtende Äuglein, einen baumelnden Kopf, schneeweiße Haare und ein junges Herz mit einem echten Kindergemüt. Als alter Junggeselle mit tausend Gulden Einkommen war er schon seit Jahren im Talhäusl eingeherbergt. Vom Frühjahr bis Michaeli half er bei den Hausleuten arbeiten, dann zog er sich aber in seine zwei Stuben zurück, und bis Lichtmessen war mit dem Seppl nichts mehr anzufangen. Zu Michaeli begann für ihn der Weihnachtsfestkreis, der sein ganzes Sinnen und Trachten in Anspruch nahm. Da plünderte er seine Weihnachtskrippe vom Dachboden herunter und begann die einzelnen Figuren, welche, mehr als zweihundert an Zahl, zum Krippenhausstand gehörten, nach Kleidung und Gestalt eingehend zu mustern. Die Musterung brachte immer dasselbe Ergebnis, nämlich, dass der Seppl sich nicht mehr aussah, bis Weihnachten mit den nötigen Reparaturen und Verbesserungen an der Krippe fertig zu werden. Da hatte ein Hirt den Fuß gebrochen, dort ein Engel die Fittiche verloren, da war einem König der seidene Mantel verschossen, im Tempel war das Dach eingestürzt, Palmen waren umgefallen, Pferde hinkten, Häuser wackelten und so weiter. Fieberhaft machte sich der Seppl ans Werk, tagein, tagaus leimte und schnitzelte und malte er an seiner Krippe. Dazu summte er alte Weihnachtslieder oder führte lange Gespräche mit sich selber. Dieses Sprechen mit sich selbst war überhaupt eine Eigenschaft des Seppl, und oft hatte er einen so lebhaften Diskurs mit seiner eigenen Person, als ob ein halbes Dutzend Nachbarn in seiner Stube versammelt wären. Weil in dieser Zeit all seine Gedanken nur auf das Christfest und die Heilige Nacht gerichtet waren, so drehten sich seine Gespräche in diesen Wochen einzig um das Weihnachtsgeheimnis. Etliche Tage vor Weihnachten verschwand der Seppl aus seiner Herberge. Er wanderte hinaus in die Stadt. Auf dem Wege murmelte er immer wieder:

„Muss mich doch ein bissl mit Opfer und Gaben einstellen. Mit leeren Händen darf ich nicht kommen – wär' eine

Sünd', eine Schand'!“ In der Stadt nahm er einen Schippel Banknoten aus der Sparkasse und streifte hernach wohl durch ein Dutzend Kaufläden. Heimwärts kehrte er in verschiedenen Bauernhöfen ein und schloss manchen Handel. Dann erschienen im Talhäusl der Reihe nach schwere Kisten und Ballen, vollgepackte Körbe und Säcke.

Hierauf verschloss sich der Seppl gänzlich in seine zwei Stuben und wurde nicht mehr gesehen, bis die Weihnachtsglocken zum Talhäusl hinaufklangen. Zu jener Zeit aber hatte der Seppl seine eigene Christfeier bereits vorüber. Diese begann schon mit der Dämmerung am Heiligen Abend und währt gut drei Stunden. – Wenn jemand in seine Wohnung gekommen wäre, hätte er Folgendes schauen und hören können. Die ganze rückwärtige Breite seines Vorderzimmers war angefüllt mit der Krippe. Mitten in der Krippe stand ein Glaskasten, und darin lag auf rotseidenen Windeln ein großes wächsernes Christkind, das grüßend seine Ärmlein ausstreckte. Rund herum zog sich der Krippenberg, darauf standen Städtchen, Kirchen und Häuschen mit ihren putzigen Spiegelfensterchen, hin und wieder die Unmengen Figuren: Könige, Hirten, Priester, Soldaten, Handwerker usw. in wunderbarer prächtiger Ausstattung. Um die Krippe war Tannenreisig gewunden, überall mit Zierrat und Flitterwerk besetzt. Das Ganze strahlte und flimmerte im Scheine von mehr als hundert Kerzen und Lämpchen wie ein Zauberspiel aus dem Wunderlande. Links und rechts von der Krippe stand ein langer Tisch, ein jeder war überladen und aufgeputzt mit Gaben. Auf dem rechten lagen Butterknollen. Käselaibe, Brotwecken, Nusszelten, Äpfel und Birnen, gespickt mit Silberzwanzigern, standen Säcke voll Mehl, Körbe voll Eier, Honigtöpfe usw. Der linke Tisch trug andere Waren: Rempel von Tuch und Loden, Schürzen und Jäckchen, Mützen, Strümpfe und Kinderschuhe, Wolle und Flachs, Schals und Flöre, alles im bunten Durcheinander. In der Mitte aber, unmittelbar vor dem Christkind, kniete der Seppl im schönsten Festtagsgewand. Sein Gesicht war noch röter als andere Male, fast so rot wie eine Osterkugel, seine Augen leuchteten und strahlten wie Johannisfunken, seine Lippen zitterten, sein Kopf wackelte – bald ging es wie ein helles Lachen über seine Züge, bald schien etwas im Halse ihn zu würgen, und er drückte und schluckte, als ob er's nicht mehr erschnaufen könne. Stundenlang kniete er so vor der Krippe und tat nichts, als mit verklärten Blicken starr auf das Christkind schauen und mit demselben laut diskutieren, wobei er sich selber Rede und Antwort gab. Das Gespräch ging beiläufig so: „Du lieb's Himmelsbübl, sei doch nit gar so fein mit mir! Ich hab's redlich nit verdient. – Bin ein alter, borstiger Klaubauf voll Sündenruß und Ung'schick, und ich hätt mich nit hertrauen sollen zu dir. Aber die Lieb' hat gar so viel g'schob'n und gezog'n, und mir ist so viel Zeit lang gewesen um dich."

„Grüß dich Gott, Seppl, ich hab' lang schon auf dich gewartet, und mir ist auch Zeit lang gewesen um dich."

„Was du nit sagst? Geh, du mein einziger Schatz, das vergess ich dir mein Lebtag nie ... Mir kommt alleweil vor, du gehörst nur mir allein, und so gern wie ich darf dich kein Mensch haben. Wenn ich's grad recht sagen könnt'!"

„Seppl, ich weiß schon, wie dir ist, ich kann ja in dein Herz hineinschauen wie durch eine Fensterscheibe."
„Ei freilich wohl, du bist ja tausendmal g'scheiter als ich ... Gelt, es ist schon eine rechte Lieb' da drinnen? – Und schau, was ich dir bracht hab'. Das Zeug da und die Sachen, die sind meine Hirtenopfer – das gehört alles dir, dir allein! Musst aber alles selber behalten und darfst mir gewiss nichts herschenken."
„Aber Seppl, was soll denn ich für dein Opfer dir geben?
„Bist g'scheit! – Gar nichts darfst du mir geben, rein gar nichts! – Du närrisches Bübl, wenn ich dir was schenk, dann lass' ich mir's nicht zahlen."
„Aber, Seppl, ich will mir's aufmerken und im Himmel zu deinem Lohn zusetzen."
„Nein, nein, Schatzl, da wird nix draus! – Die Kleinigkeit musst mir einmal ganz umsonst annehmen, dafür will ich keinen Pfennig haben. – Das tu' ich einmal aus pur lauterer Lieb', und für die Lieb' lässt man sich nicht zahlen."
Der Seppl schaute lange Zeit wie entrückt auf das Christkind, dann begann er wieder:
„Aber gelt, du Herzenskind, in den Himmel komm' ich wohl ganz gewiss?"
„Ja, ja, Seppl, in den Himmel kommst schon ... Wo sollt' ich denn sonst meinen Krippenseppl hintun? An einen anderen Ort als in den Himmel tät' der Seppl nicht passen."
„Vergelt's Gott zu tausendmal – jetzt bin ich der glücklichste Mensch auf der Welt und so leicht ist mir wie einer Flaumfeder. Wenn du's selber sagst, dann muss es wahr sein!"
So und ähnlich redete der Seppl mit dem Christkind. –

Wenn dann die Glocken zur Mette riefen, stieg er hinunter in die Kirche und feierte dort eine ebenso innige und fromme Weihnacht. Nach der Mette stapfte er wieder in seine Herberge und zündete an der Krippe noch einmal die volle Beleuchtung an. Über kurze Zeit wurde es dann laut im Talhäusl. Es kamen ein paar Dutzend arme Kinder, die der Seppl hatte rufen lassen. Die schauten sich erst an der Krippe beinahe die Äuglein heraus, dann hielten sie Schürzen und Hände auf, und der Seppl packte von den Opfergaben, die er dem Christkind geschenkt hatte, einem jeden, so viel es nur forttragen konnte, ein. Wenn die Kinder ihm danken wollten, deutete er auf die Krippe hin und sagte: „Von mir ist nichts, rein gar nichts! Das alles schenkt euch das Christkind, ihm müsst ihr danken." – Und wie die Kinder zur Krippe traten und rührend sagten:
„Lieb's Christkindl, vergelt's Gott zu tausendmal", da rannen dem Seppl bohnengroße Zähren über die Wangen, sein Kopf wackelte stärker und er murmelte still in einen Winkel hinein: „Liebes Himmelsbübl, ich will an dem Ding da keine Freud' haben – die Freud' musst du haben, du allein!" – In dieser Weise feierte der Seppl schon seit Jahren das Christfest, und ob seiner Christbescherung wurde er auch der Christkindlvater genannt.

Ein Jahrsmalen aber, als sich der Seppl besonders stark auf Weihnachten gesehnt hat, wurde ihm die Freude verdorben. Er bekam zu Allerheiligen die Gliedersucht, musste ins Bett und konnte es wochenlang nicht mehr verlassen. Alle seine Zurüstungen waren unterbrochen, neue Anstalten durfte er keine treffen, und Weihnachten sollte für ihn ohne Lichtstrahl und Freudenglanz vorübergehen. Da weinte der Seppl heiße Tränen in seine Polster und klagte:

„Ich weiß nicht, was das Christkind heuer gegen mich hat, dass es mich nimmer haben will! – Hab' ihm doch gar nichts getan."

Als ihm der Pfarrer bei einem Besuche erklärte, das Christkind wolle heuer ein anderes Opfer; Krankheit und Leiden seien auch ein gar kostbares Christgeschenk, da lachte der Seppl und beteuerte, alles wolle er aushalten, wenn er nur dem Christkind damit eine Freude machen könne. Allein in der nächsten Zeit wurde er wieder tieftraurig.

Ein paar Tage vor Weihnachten, als der Pfarrer abermals da war, zog der Seppl unter seinem Polster ein Sparkassenbüchl hervor, reichte es dem Pfarrer und sagte:

„Wenn das Christkind mit mir schmollen will, so kann ich nichts dafür. – Ich schmoll' keinesfalls und lass mir mein Opfer nicht abweisen. – Das da dem Christkind; seien Sie so gut, schicken Sie's ihm, mag's dann tun damit, was es will."

Der Pfarrer nahm das Büchl und äußerte lächelnd: „Das Christkind schenkt alles wieder her, wird wohl so recht sein. Und wer weiß, vielleicht kommt's um Weihnachten gar selber, um sich bei seinem Krippenvater zu bedanken."

Das Talhäusl stand draußen am Waldrand, und einzelne Bäume drängten sich bis dicht an Seppls Stubenfenster heran. Am Weihnachtsabend hörte der Seppl vor dem Hause immerfort scharren und knistern. Weil aber sein Bett im Winkel stand und er nicht durchs Fenster sah, konnte er auch nicht die Ursache des Geräusches entdecken. Auf seine Fragen entgegnete die Wärterin nur, es sei heute so kalt, dass die Eiszapfen fortwährend springen und knallen ... Als es anfing zu dämmern, schloss die Wärterin die Fensterläden, und nun wurde das Geräusch noch stärker. Der Seppl war sehr traurig und grübelte düster vor sich hin. Da traten plötzlich zwei Knechte vom Nachbar herein und sagten: „Pass auf, Seppl, jetzt kommt das Christkind! Zugleich fußten sie das Bett und schoben es mitsamt dem Kranken dicht unter das Fenster. Die Wärterin machte die Läden auf, und nun drang eine wahre Lichtflut von draußen in die Stube herein. Der Seppl riss die Augen scheibenweit auf, blickte staunend hinaus und wusste nicht, ob er träume oder wache. Die beiden großen Fichtenbäume, die vor dem Fenster standen und über das Hausdach hinaufragten, waren mit brennenden Lichtern besetzt. Natürlicher Schnee glitzerte auf den Zweigen, natürliche Eiszapfen blitzten dazwischen in allen Farben, künstliche Silber- und Goldfäden wanden sich von Ast zu Ast. Zwischen den beiden Fichtenstämmen in einem Bettlein von grünen Taxen, von einem Lichterkranz umgeben, lag ein großes, wunderschönes Christkindl, das seine Hände gegen Seppl auszustrecken schien. Es war ein Glänzen und Funkeln wie im Himmel. Zu beiden Seiten des Fensters standen gar zwei lebendige Engel, die mit den Flügeln schlugen und hereinlachten. – Die ganze Herrlichkeit hatte der Lehrer von Tiefenbach veranstaltet und die beiden lebendigen Engel waren zwei Schulmädchen in weißen Kleidern mit Flügeln aus Silberpapier. – Eine Zeit lang schaute der Seppl wie verzückt hinaus, dann sagte er weinend:

„Oh, ist das Christkind gut! – Weil ich nicht zu ihm komme, kommt es herwärts zu mir.“

Auf einmal ging die Stubentür, und herein traten leibhaftig – die Hirten von Betlehem. Es waren dies eine Schar Knaben in kurzen Hosen, weißen Hemdsärmeln, spitzen Hüten mit weißen Federn darauf und langen Hirtenstäben. Die Knaben reihten sich um das Bett des „Christkindlvaters“ und begannen zu singen:

„Was hat das Ding z’ bedeut’n, just heut um Mitternacht? – Der Himmel glänzt von Weitem, voll Herrlichkeit und Pracht.

Und d’ Engel flieg’n halt ohne End’ – schauts, hab’n denn dö den Stall ankennt? – [: Was hat das Ding z’ bedeut’n, just heut, um Mitternacht?:]

Und d’ Lampel spring’n umma als wie heim schönsten Tag. – Halt ja, als wie in Summa, a jedes wie’s es mag. – Hab g’meint, i siech an Lampidieb, daweil is a Eng’l schön und lieb. – [: Sagt, ’s Kindlein is geboren zu Betlehem im Stall. :]

O du mein liebes Kindl, wir fallen auf die Knie. Verzeih uns armem G’sind’l all’s, was wir täten dir ... Weg’n unser bist du jetzt Mensch wor’n und bist so arm im Stall gebor’n. [: Da habt’s a wenig’s Opfer, nehmt’s nur damit verlieb. :]

I hätt z’ Haus a warmes Stüb’l und a broate Ofenbank. War decht schad’ ums arme Büb’l, wenn ’s vor Kälte wäret krank. Und a Bett’l und a Wiegl richt die Gretl a glei z’samm’. I will auf dem Boden liegen, geht’s mit uns, mir g’schaff’n schon. [: Sein mir sunst scho arme Leut’, macht uns reich die große Freud’. :]

Und wenn es kommt zum Sterben und kommt der Tod herbei, dort lass uns nicht verderben, hilf uns allso glei. Schick uns an Engel hurtig g'schwind, dass er unser Seel' in Himmel bringt. [: Dort lob'n wir Gott hochgebenedeit, ja preisen ihn in alle Ewigkeit. :"
Der Seppl horchte und schaute und schaute und horchte, derweil rannen ihm die Tränen bachlweise über die runzligen Wangen, und er brachte vor Rührung kein Wort heraus.
Am nächsten Tage ließ der Seppl den Pfarrer und den Lehrer holen und sagte, er müsse bald sterben, darum wolle er sein Testament machen. – Und weil er schon der Christkindlvater sei, vermache er alles dem Christkind. – Seit dieser Zeit ist in Tiefenbach eine Stiftung, aus welcher die armen Kinder um Weihnachten reichlich beteilt werden.

*Reimmichl*

# Schlafliadl

Summm a Liadl fürs Kind,
so vui lustig und gschwind,
grad so leicht und so lind
wia der himmlische Wind.

Is des Kind no net miad,
weils as Schweifsternliacht gspürt,
weil si's Eserl grad rührt –
und weil's gar vielleicht friert?

Kumm, jetzt deck i di zua,
sei schö brav, gib a Ruah,
schlaf bis morgn in der Fruah,
du, mei herziga Bua!

*Günter Goepfert*

Von der Winterfreude
in verschneiten Bergen

# Winternacht

Es war einmal eine Glocke,
die machte baum, baum.
Und es war einmal eine Flocke,
die fiel dazu wie im Traum.

Die fiel dazu wie im Traum ...
Die sank so leis hernieder
wie ein Stück Engleingefieder
aus dem silbernen Sternenraum.

Es war einmal eine Glocke,
die machte baum, baum.
Und dazu fiel eine Flocke,
so leise wie im Traum.

So leis als wie ein Traum.
Und als vieltausend gefallen leis,
da war die ganze Erde weiß,
als wie von Engleinflaum.

Da war die ganze Erde weiß,
als wie von Engleinflaum.

*Christian Morgenstern*

# In der Christnacht

O Winterwaldnacht, stumm und hehr,
Mit deinen eisumglänzten Zweigen,
Lautlos und pfadlos, schneelastschwer –
Wie ist das groß dein stolzes Schweigen!

Es blinkt der Vollmond klar und kalt;
In tausend funkelharten Ketten
Sind festgeschmiedet Berg und Wald,
Nichts kann von diesem Bann erretten.

Der Vogel füllt, das Wild bricht ein,
Der Quell erstarrt, die Fichten beben:
So ringt den grollen Kampf um's Sein
Ein tausendfaches banges Leben.

Doch in den Dörfern, traut und sacht.
Da läuten heut' zur Welt hinieden
Die Weihnachtsglocken durch die Nacht –
Ihr Wunderlied vom ewgen Frieden.

*Karl Stieler*

# Mit Hirten und Königen an der Krippe

Auch heute noch steht in den Wohnungen vieler bayerischer Familien am Heiligen Abend unter oder neben dem Christbaum eine Krippe. Und überall im Land drängen sich die Kinder zur Weihnachtszeit um die Kirchenkrippen. Historische Krippen gehören zum wertvollsten Besitz vieler Heimatmuseen und im Bayerischen Nationalmuseum finden wir sogar die größte Krippensammlung der Welt. Neuere Forschungen widerlegten zwar die früher weitverbreitete Vermutung, von Bayern habe einst der Krippenbau seinen Ausgang genommen, doch das ändert nichts an der Tatsache, dass es kein Land gibt, in dem die Weihnachtskrippe von der Barockzeit bis zur Gegenwart höhere Wertschätzung genoss als bei uns.

Die Verehrung der Krippe als Symbol der Geburt des Heilands im Stall von Betlehem ist fast so alt wie das Christentum selbst. Die älteste Darstellung der Christgeburt blieb uns aus frühchristlicher Zeit in der Sebastianskatakombe in Rom erhalten. Im Jahre 352 erbaute Papst Liberius die Basilika Santa Maria Magiore, in der heute noch die Reste jenes „heiligen Troges" verehrt werden, in den nach der Überlieferung der neugeborene Erlöser gelegt worden ist. Seit dieser Zeit gehört das weihnachtliche Geschehen auf den Floren von Betlehem zu den Hauptthemen der abendländischen Kunst.

Nur wenig später als die bildliche setzte die szenische Gestaltung der Christgeburt ein. Aus einem Bericht des Bischofs Sophoronios von Jerusalem wissen wir, dass dort schon im 7. Jahrhundert die Gläubigen in der Christnacht „mit den Hirten Reigen tanzten, mit den Magiern Geschenke darbrachten und mit den Engeln das Gloria-in-Excelsis-Deo sangen". Im bayerischen Raum werden solche Weihnachtsspiele bereits für das Mittelalter bezeugt.

Es hat nicht an Versuchen gefehlt, die Weihnachtskrippe im heutigen Sinne schon für das Mittelalter nachzuweisen. So wurde fälschlich der Text einer Urkunde des Klosters Sankt Mang in Füssen als Beweis dafür gedeutet, dass dort bereits im Jahre 1252 eine Weihnachtskrippe aufgebaut worden sei. Lange Zeit sah man den heiligen Franziskus als den „Vater der Krippenbewegung" an, weil er 1223 in eine Höhle bei Grecio einen hölzernen Krippentrog brachte, daneben einen lebenden Esel und Ochsen stellte und davor die Heilige Nacht feierte. Aber dieses Ereignis hat mit Christmette und

Weihnachtsspiel viel mehr zu tun als mit der Weihnachtskrippe im engeren Sinne. Diese ist nach fachmännischer Definition „eine räumlich-figürliche Darstellung im kleinen Maßstab, aufgestellt für eine beschränkte Zeit und für ein bestimmtes Fest, mit Figuren, die nicht an ihren Platz gebunden sind ..."

Zweifellos ist die schon sehr früh einsetzende bildliche und szenische Darstellung des Weihnachtsgeschehens die Quelle aller Krippenkunst. Es gibt auch weihnachtliche Plastiken der Gotik, die mit ihrem besonderen Charakter sehr nahekommen. Aber trotz allem ist die Weihnachtskrippe erst eine Schöpfung der Gegenreformation. Die älteste uns sicher bekannte Krippe ist jene des heiligen Kajetan von Thiene, der 1524 den Theatinerorden gegründet hat. Die Verbreiter des Krippengedankens waren aber dann nicht so sehr die Angehörigen seines eigenen Ordens, sondern in erster Linie die Jesuiten. Sie brachten die Weihnachtskrippe bereits im letzten Viertel des 16. Jahrhunderts bis nach Amerika und Indien. Schon um die Mitte des 16. Jahrhunderts strahlte ihre „Krippenwerbung" von Italien und Spanien über die Alpen bis nach Frankreich, Österreich, Böhmen und Deutschland aus.

Es wird sich wohl nie ganz klären lassen, ob die 1548 zuerst nach Ingolstadt und dann 1559 auch nach München gekommenen Jesuiten die Krippe mit nach Bayern brachten oder ob sie schon vorher am herzoglichen Hof in München Eingang gefunden hatte. Fest steht jedenfalls, dass in der Münchner Residenz bereits um 1560/65 eine Weihnachtskrippe aufgestellt wurde. Nach ihrer Verheiratung mit Erz-

herzog Karl II. von Österreich erinnerte sich die bayerische Prinzessin Maria mit Wehmut an diese Krippe ihrer Kinderzeit und erbat sich aus München Figuren für eine eigene Krippe. Im Jahre 1575 schrieb sie an ihren Bruder, Herzog Wilhelm V., einen Brief, in dem es unter anderem heißt: „... bit dich, welst mir ein oxen und esl schnitzen lassen in der heche und darnach mallen lassen und mir zuschicken, duß ichs gewis auf Weihnächt hab ..."
Von einer „Volksbewegung" war der Krippenbau damals noch sehr weit entfernt. Die Weihnachtskrippe gehörte zu den ganz bewusst im Zeichen der Gegenreformation geschaffenen Hilfsmitteln, um den Glaubensinhalt bildhaft und anschaulich zu machen. Genau dem gleichen Ziel dienten damals unter anderem die Wiederbelebung der religiösen Spiele und die prunkvolle Ausgestaltung der Fronleichnamsprozession. In den Jesuitenkirchen standen die ersten uns bekannten Kirchenkrippen, beispielsweise ab 1601 in Altötting und ab 1607 in der erst einige Jahre zuvor erbauten Sankt Michaels-Kirche in München. Diese Krippe bestand übrigens aus fast lebensgroßen, holzgeschnitzten und bekleideten Figuren. An den europäischen Höfen war die Weihnachtskrippe vielfach nicht nur ein Gegenstand religiöser Betrachtung, sondern auch fürstlicher Repräsentation. So schuf bereits 1585 der Augsburger Goldschmied Hans Schlettheim für den sächsischen Kurfürsten Christian I. eine kostbare Krippe aus Edelmetallen mit beweglichen Figuren.
War ursprünglich die Krippendarstellung auf das Wunder der Heiligen Nacht und auf die Anbetung der Heiligen Drei Könige beschränkt, so dehnte sich im 17. Jahrhundert der

Themenkreis über dieses „Kerngeschehen“ auf zahlreiche weitere biblische Berichte aus, wie wir sehr gut an der Mitte des 17. Jahrhunderts entstandenen kurfürstlichen Hofkrippe erkennen können, die im Jahre 1678 Kurfürst Ferdinand Maria der Wallfahrtskirche in Tuntenhausen gestiftet hat. Inzwischen waren die Krippen schon längst nicht mehr auf Jesuitenkirchen beschränkt, wie die 1627 geschaffene erste Klosterkrippe von Frauenwörth und die um 1620 erstmals schriftlich bezeugte Pfarrkrippe von Sankt Martin in Bamberg beweisen. Vor allem nach dem Dreißigjährigen Krieg wurden die Kirchenkrippen immer zahlreicher.
Die eigentliche Blütezeit der Krippenkunst brachte erst das 18. Jahrhundert im Geist barocken Überschwangs, wie ihn vor allem die weltberühmten neapolitanischen Krippen mit ihren turbulenten Szenen aus dem Volksleben widerspiegeln. Allerdings stellte sich das Volk dort nicht selbst dar, sondern den Auftrag dazu gab König Karl III. von Neapel, der zahlreiche namhafte Künstler damit beschäftigte, aus seiner Hofkrippe ein einzigartiges Prachtwerk der Kleinkunst zu machen. Der König soll schließlich fast 6 000 verschiedene Figuren besessen haben. Einige hervorragende Beispiele damaliger neapolitanischer Krippenkunst befinden sich im Bayerischen Nationalmuseum in München.
In Bayern schufen etwa zur gleichen Zeit so bekannte Künstler wie Johann Straub, Johann Luidl, Xaver Schmädl Krippen für Kirchen und Klöster. Sogar von dem berühmten Bildhauer Ignaz Günther ist bekannt, dass er 1774 der Benediktinerabtei eine komplette Krippe lieferte. Gleichzeitig fand im 18. Jahrhundert die Krippe auch Zugang zu

den Bürger- und Bauernhäusern. In weit höherem Maße als irgendwo anders wurde im Laufe des 18. Jahrhunderts der Krippenbau in den Alpenländern zur Volkskunst. Dort gab es schon seit Jahrhunderten einen Stamm begabter Holzschnitzer, die ganz Europa mit ihrer „Ware" belieferten. Ererbte Begabung und der Zwang, den langen Winter über eine nutzbringende Tätigkeit auszuüben, kamen dort zusammen und ließen vor allem in Oberbayern und Tirol eine ganze Reihe von Zentren der Schnitzkunst entstehen, von denen beispielsweise das Werdenfelser und das Berchtesgadener Land heute noch Weltruf genießen. Dort wurde im 18. Jahrhundert neben dem Herrgottschnitzen und der Herstellung von Spielwaren aller Art auch der Krippenbau rasch heimisch. Bäuerliche Schnitzer formten die vorher bis zu lebensgroßen Krippendarstellungen in den Kirchen zu ganzen Krippenlandschaften im Kleinformat um, die meistens einem oberbayerischen Gebirgstal weit mehr glichen als der damals nur von Bildern her bekannten – betlehemitischen Landschaft.

Einen schweren Schlag versetzte dem Krippenbau in Bayern zuerst die nüchtern-pedantische Aufklärungszeit und dann einige Jahrzehnte später die Säkularisation. Alles, was bis dahin dem Volk seinen Glauben mit Leben erfüllte – die religiösen Spiele, die Wallfahrten und der so vielfältige Volksbrauch rund um die Kirchenfeste – wurde auf einmal gegen Ende des 18. Jahrhunderts von den Kanzeln herunter und durch staatliche Edikte als „unnützer Tand" und als „unziemliche Verweltlichung der Religion" gebrandmarkt. Sogar mit weltlichen und kirchlichen Verbo-

ten wurde dagegen eingeschritten. Die Aufklärer konnten sich bei ihrem Kampf allerdings auf so manche Übertreibungen und Auswüchse berufen, die selbst vor der Krippe nicht haltgemacht hatten.
Mit der Säkularisation war auch die Krippenpflege in den bayerischen Klöstern zu Ende. Unzählige Krippen wurden zerstört oder verkamen in irgendeinem Dachwinkel. Doch das Volk war zäher in seinen Anschauungen und im Festhalten am Brauchtum als aller Aufklärungseifer. Die alte Krippentradition wurde so lange mit unverminderter Liebe und Treue weitergepflegt, bis sich im Laufe des 19. Jahrhunderts allgemein wieder eine andere Einstellung zu diesen Dingen durchsetzte und eine „Krippenrenaissance" heraufzog, die bis in unsere Tage weiterwirkt.
Wie zur Barockzeit, so sind viele bayerische Krippenbauer auch jetzt wieder bemüht, das Weihnachtsgeschehen in die Gegenwart zu verlegen. Da umstehen in manchen Krippen Hirten in oberbayerischer Tracht die Heilige Familie und im Hintergrund begrenzt ein Alpenpanorama die Szenerie. Einmal wird ein alpenländisches Bauernhaus zum Stall von Betlehem, ein anderes Mal ein Holzhaus aus dem Bayerischen Wald. Ein Bastler hat die Krippe von Betlehem mitten in eine verschneite Winterlandschaft gestellt und ein anderer unter die Tennenauffahrt eines riesigen Bauernstadels. Die Herbergssuche vollzieht sich beispielsweise in der Bamberger Altstadt oder auf dem Jakobsplatz in München. Der Fantasie sind also keine Grenzen gesetzt, wenn es nur gelingt, die Geburt des Welterlösers den Menschen von heute nahezubringen, ihnen

begreiflich zu machen, dass Christus auch für uns auf die Welt gekommen ist.

Die Krippe würde ihren Sinn verlieren, wenn sie nur als Spielerei und als Schaustück zur Geltung käme. Deshalb lebt und werkt jeder echte Krippenfreund in der gleichen Überzeugung, wie sie einst Angelus Silesius in einem Vers aufgeschrieben hat:

„Wird Christus tausendmal zu Betlehem geboren und nicht in dir, du bleibst noch ewiglich verloren."

*Alois J. Weichslgartner*

# St. Stefanstag am Königssee

Hinter uns klangen noch die Weihnachtsglocken, es war St. Stefanstag, und nach dem heimischen Zauber, den uns der Christbaum geschaffen, zog es uns noch hinaus in die Wirklichkeit von Wald und Tannen. Wir fuhren über Salzburg an den Königssee; der Peterskeller hatte seine Schuldigkeit getan und vor demselben stand lustig klingelnd unsere Extrapost, ein offener Schlitten. Endlich waren wir glücklich verladen, und eingehüllt wie grimme Nordpolfahrer machten wir uns auf den Weg, der schon dicht vor der Stadt tief einsam wurde. Flatternde Raben im Schnee, ab und zu ein Wanderer, dem selbst der Gruß auf den Lippen erstarrte, das war das einzige Geleit, im Winterduft verschwamm die Veste Hohensalzburg, nur auf den Bergen lag noch die breite volle Sonne des Nachmittags. Aber der Tag geht schnell zu Ende in solcher Jahreszeit; um drei Uhr ist es noch goldig hell, um vier Uhr webt blaue Dämmerung, um fünf Uhr schwebt der silberne Vollmond am Himmel. Unser Weg führt dicht am Untersberg dahin, dessen schroffe Felsen sich hier meilenweit auseinanderbreiten; an den roten Steinwänden sind mächtige Marmorbrüche, an dem Bergbach gegenüber steht eine stumme Mühle. Und erstaunt blickte uns der Mautner an, der bald an der Landesgrenze aus dem Zollhaus trat. Er frug uns aufs Gewissen, was wir Steuerbares hätten, und dann winkte er mit der schwieligen Hand und schlupfte zurück in seine warme Klause ... Langsam sank die Dämmerung hernieder, während schon die Zinken des Watzmann vor uns emporstiegen. Berchtesgaden war erreicht, silberhell glomm der Vollmond: An den Fenstern glänzten die ersten Lichter, wir jagten vorüber und bald waren wir auf der einsamen Straße nach dem Königssee ... Und nun wirds immer enger im Tal, immer rauer ringsumher; wir sind im finstern Tannenwald. Doch er ist nicht dunkel heut, wie in stürmischen Sommernächten, sondern silberhell glitzert die Waldnacht. Fußhoch lastet auf den Fichtenzweigen der Schnee, wie eingesunken stehen die riesigen Stämme im weißen Grund, Felstrümmer liegen am Wege, und das Gestrüpp glänzt vom blanken Reif; es gibt keine braunen, nur silberne Zweige. Hoch über uns greifen die Wipfel der Bäume ineinander, kaum lugen die Sterne herein in dies winterliche Waldgewölbe, kaum gleitet der scheue Mondenstrahl von Ast zu Ast. Es ist ein Märchen, schweigend und schön, und unser Auge streift durchs Dickicht, als müsste es die Märchengeister suchen. Feierlich wortlose Stille umfing uns, nur der Schlitten stöhnte im Schnee, die Pferde dampften, die feinen Schellen klingelten.

Dann geht es bergab. Vor uns liegt der starre eisige See. Er ist der gewaltigste seines Geschlechtes, der König aller Bergseen, der Königssee. Die Tür des gastlichen Hauses, das dicht am Ufer steht, war offen, und der Wirt kam uns grüßend entgegen: Aus den Fenstern drang trauliches Licht. Das Thermometer vor dem Hause zeigte sechsundzwanzig Grad Kälte, eiserstarrt traten wir ein, und erst allmählich fanden wir uns wieder zurecht. In der großen, breiten Wirtsstube war lustiges Volk versammelt. Menschenleben und Menschenlust klangen wieder an unser Ohr. Als wir erwachten, lag vor uns ein Morgen voll unbeschreiblicher Schöne. Kein Nebelstreif in weiter Runde, der Himmel trug das feine, lichte Blau, und nur da wo er sich wölbte zu unendlichen Höhen, da ward er tief und dunkel wie Azur. Zitternd webt das Goldlicht um den Rand der Gipfel, wenn die Sonne langsam dahinter emporklimmt: Tief unten aber, auf See und Tal, lagen noch die kalten Schatten. Zwei Farben allein beherrschen um solche Zeit die gesamte Landschaft: Das wuchtige Schwarz der Fichtenwälder und das massige Weiß des Schnees; dazwischen starren glanz- und tonlos die grauen Felsenwände, die fast senkrecht aus der Tiefe steigen. Und doch, wie packt diese großartige Eintönigkeit der Farbe, um wieviel gewaltiger erscheinen noch diese Massen, wenn keine weichen Mitteltöne sie duftig mildern. Vergeblich lauschen wir auf einen Laut des Lebens, nur der eigene harte Tritt erklirrt und das Krachen des Eises, man hört jenes Klingen, das den stärksten, höchsten Frost begleitet. Alles schweigt in eisiger Majestät, so trotzig und doch so fesselnd, so unbarmherzig und doch so schön.

*Karl Stieler*

# Romantische Schlittenfahrt

Die Kufe ist älter als das Rad, der Schlitten älter als der Wagen. Aus den Kufen des Schlittens hat sich sowohl der Ski wie auch der Schlittschuh entwickelt, wobei der menschliche Körper sozusagen den Schlitten ersetzen muss. An der Entwicklung des Schlittens lässt sich geradezu die Kulturgeschichte ablesen.

Urform des Schlittens ist der Pulka, der einkufige Bootsschlitten der Lappen, aus dem der finnische Akja entstanden ist, der sich als Rettungsschlitten so hervorragend bewährt hat. Schlitten aus allen Jahrhunderten, Schlitten in allen Formen und Gestalten! Die prächtigen Schlitten der Barockzeit! Der Prunkschlitten, den sich die Kaiserin Maria Theresia bauen ließ, um ihre zahlreichen Kinder winters

über im verschneiten Schönbrunn spazieren fahren zu lassen! Oder der Traum jenes Schlittens, mit dem der Bayernkönig Ludwig II. in die winterliche Einsamkeit fuhr und der nunmehr in der Münchner Residenz zu sehen ist! Nun, die gute alte Zeit des Schlittens ist vorbei. Das Auto, obwohl nicht gerade für den Winter gebaut, hat ihn längst überrundet. Nur auf dem Hofe des Bergbauern ist der Schlitten als praktische Hilfe heimisch geblieben. Noch muss der Bergbauer fast überall sein Almheu und Holz mit dem Zugschlitten vom Hochwald herabbringen. Allein schon die schweren, eisenbeschlagenen Schlitten über den steilen, vereisten Ziehweg hinaufzutragen, erfordert viel Kraft und Ausdauer. Und die schweren, viermetrigen Holzstämme ins Tal zu fahren, ist die gefahrvollste Arbeit des Bauern überhaupt. Da haben wir einmal in Sellrain beim Aufstieg einen dieser Ziehwege benützt, um uns das Spuren durch den tiefen Schnee zu ersparen und rasch auf das Ranggerköpfl zu kommen – unserer sechs, in der engen Waldschneise, einer hinter dem anderen. Da schießt plötzlich, in eine mächtige Schneewolke gehüllt, aus dem Bergwald eine Blochfuhre direkt auf uns zu, den schmalen Ziehweg von Rand zu Rand füllend. Unmöglich für den Bauern, die wuchtige Fuhre zu bremsen! Was tun? Ein Sprung in den steilen Hang hinunter und als kleine Privatlawine zehn Meter tiefer gelandet!
In meiner Jugendzeit spielte auch der Pferdeschlitten noch eine große Rolle. Ich kann mich gut erinnern, wie ich als Bub zur „Post“ hinuntergelaufen bin, um die Postschlitten zu bewundern, mit denen sich die vornehmen Leute aus Wien und Berlin in unser damals noch einsames, weltfernes

Tal bringen ließen. Pferdeschlitten wurden auch bei Hochzeitsfesten gefahren, es gab da prachtvoll geschnitzte Modelle, auf denen man rittlings wie der Reiter im Sattel über den Kufen saß.

In den großen Wintersportzentren der Schweiz werden überall Schlittenwege frei gehalten. Welch ein Genuss etwa, an einem klaren Wintermorgen von Davos mit einem richtigen Bündnerschlitten in das Sertigtal hineinzufahren! Kein Auto wird uns auf dieser Fahrt begegnen und unsere winterlichen Träume stören. Der ganze Zauber des Bergwinters wird lebendig. Dichter haben die Schlittenfahrt gepriesen, Sänger haben sie besungen. In galanter Zeit gab es auch so etwas wie ein Schlittenrecht, das Goethe noch erlebt und auch gern für sich in Anspruch genommen hat. Eine warm in Pelz vermummte Schöne zur Seite, fuhr man im Klingelschlitten in den Winterwald. Das in Versen besungene Schlittenrecht erlaubte es dem Kavalier, seiner Dame einen Kuss auf die kälteroten, ach so warmen Lippen zu drucken. Entzückend ist eine Komposition, in der Vater Mozart eine heitere Schlittenpartie schildert, nicht nur mit dem hellen Geklingel der hundert Glöckchen, dem Schütteln der Pferde und, musikalisch ausgedrückt, „mit den vor Kälte zitternden Frauenzimmern".

Eine Schlittenfahrt sollte man so unmittelbar erleben können wie sie der bayerische Bauernpoet Karl Stieler in seinem Winteridyll geschildert hat:

„Eis liegt im Walde, Friede auf den Hütten
Und übers Feld hin fliegt mein offener Schlitten,

Der Rapp' greift aus! 's ist um die Weihnachtszeit,
Der Himmel funkelt hochgewölbt und weit;
Kristallener Frost blitzt durch das Waldgeheg,
Die scheue Wildspur kreuzt in stummen Weg,
Scharf streicht der Nachtwind mir ins Angesicht.
So geht's dahin – nur ab und zu ein Licht,
Bis wiederum der freie Pfad sich weitet:
Hoch tragt ein Lindenbaum, und leise gleitet
Durch seinen Gezweig der stumme Mondschein.
Der Rappe hält und knirscht in seine Zügel –
Da steht ein Haus dicht unterm Waldeshügel,
Still und verschlafen – hier bin ich daheim!"

*Luis Trenker*

# Wintertage in Graubünden

Von Klosters aus stieg ich an einem sonnenklaren kalten Morgen die verschneiten Gassen und Matten hinan. Die Gipfel sprangen, einer nach dem anderen, ins milde Goldlicht des aufsteigenden Tages und lachten rosig in der milchig-sanften Himmelsbläue. Im Dorfe war wenig Leben, die Engländer schliefen noch im Grand Hotel, die Kinder waren in der Schule; man sah nur da und dort einen Bauern mit Schlitten und Kuhgespann bergaufwärts fahren, um aus den hoch gelegenen braunen Holzschuppen Heu zu holen, oder einen anderen, der ins Holz ging und seinen schweren Handschlitten an den hohen Hörnern nachschleppte. Sonst kein Leben und kein Ton als das Knirschen meiner Sohlen auf dem gefrorenen Schnee und weit unten im Tal

das kaum hörbare, entfernte Schnauben der Davos-Landquarter Eisenbahn.
Langsam kam ich empor, über das Dorf hinaus und der Sonnengrenze näher, die mir unmerklich entgegenkam und nach der ich allmählich sehnlich begehrte, da mir Ohren und Hände steif und rot gefroren waren und wehtaten. Der Weg war, obwohl nicht gepfadet, angenehm und wenig anstrengend, da der harte Schnee mich bequem trug und doch so viel nachgab, dass ich sicher und ohne Gleiten direkt aufwärtssteigen konnte. Zwei Raubvögel, vermutlich Turmfalken, kreisten hoch und feierlich umeinander, sonst war außer mir nichts Lebendiges mehr am Berge sichtbar.
Aufatmend erreichte ich die höheren, von der Sonne beschienenen Schneematten. Hier herrschte kein Frost mehr, während ich noch vor einer Stunde in einer Kälte von zwölf Grad gegangen war. Aber nach kurzer Zeit war die Blendung so stark, dass ich die Schneebrille aufsetzen musste. Über die steil geneigten, von der leuchtenden Schneedecke weich abgerundeten Hänge flutete das Licht des jungen Tages diamanten und festlich, spielte in jähen Irisfarben, lachte eisig und unerträglich auf glatten Flächen, füllte Mulden und Hangränder mit zarten, schön blauen Schatten. Reif und Eis schmolzen mir vom Schnurrbart, die Luft begann sich leise zu erwärmen, und ich hielt eine erste kurze Rast, um diese Herrlichkeit zu begrüßen und die beginnenden Freuden der Wintersonne vorauszukosten.
Denn es gibt in der weiten Welt nichts Wunderbareres, Edleres und Schöneres als die Hochgebirgssonne im Winter. Von Schnee und Eis und Stein zurückgeworfen, spielen Licht

und Wärme schwelgerisch in den unbeschreiblich durchsichtigen winterklaren Lüften – ein Licht und ein Strahlen feiner, zarterer, trockener Wonne, von dem das Tiefland auch an den glänzendsten Tagen keine Ahnung hat.
Der lichte Himmel nahm allmählich tiefe Farben an, von Gipfel zu Gipfel gespannt ruhte er tief und strahlend ohne jeden kleinsten Dunst, blau bis zur Farbe der Veilchen. Zugleich nahm die Wärme zu, und ich rastete oft auf dem Schnee, um nicht in Schweiß zu kommen. Den Rock trug ich längst überm Arm und die Handschuhe in der Tasche.
Hinter den obersten einsamen Heuhütten begann Tannenwald, und hinter dem Tannenwald stiegen unzugänglich senkrechte Steinwände in den Himmel mit fast gewaltsam scharfen, grellen Umrissen. Rückwärts übersah ich nun das tiefe und weite Tal, ungezählte Gipfel, berühmte und namenlose, und im Schnee verlorne winzige Dörfer, ganz unten die dunkel fließende Landquart. Inzwischen hatte ich die Mütze abgelegt und das Hemd aufgeknöpft. Dann suchte ich mir zwischen Wald und Felsen einen geschützten Ort, wo verdorrtes Moos und Heidekraut schneefrei und trocken in der Sonne brannten. Dort legte ich mich hin, aß ein Stück Schokolade und ruhte gründlich aus.
Ich lag wie im Sommer, fühlte die Dezembersonne auf Nacken und Arme brennen und dachte mit Behagen an meine Heimat am Bodensee, wo jetzt feuchte Kühle und Nebel herrschten. Dann begann ich mir Hände und Arme mit Schnee zu waschen. Und da dies köstlich wohltat, warf ich eilig Schuhe und Strümpfe und alle Kleider ab, tat einen Freudenschrei und badete mich erschauernd im körnigen

Schnee. Als ich wieder in den Kleidern war und in der Sonne lag, fühlte ich unter der erfrischten Haut mein Blut wohliger und wärmer und lebendiger kreisen als je nach dem raffiniertesten Dampfbad.

Einen Teil des Rückweges konnte ich, auf meiner Lodenjacke sitzend, über den Schnee abrutschen, den Rest legte ich zu Fuß zurück und kam gerade zur rechten Zeit nach Klosters, um bei einem guten Mittagessen meinen inzwischen scharf gewordenen Hunger zu stillen.

Im Hotel waren außer mir nur Engländer, und die Ruhestunden und langen Winterabende wurden mir einigermaßen zur Qual. Ich hatte zum Glück ein gutes Buch mit; es heißt „Maria-Himmelfahrt" und ist von einem Arzt in Bozen geschrieben und erlebt. Aber immer konnte ich nicht lesen, und die Unterhaltung mit den Engländern hatte Schwierigkeiten, da sie wenig mehr Deutsch und Französisch konnten als ich Englisch. Überdies ließ man mich fühlen, dass ich nur ein Einheimischer war und dass ich im Touristenkleid zu den feierlichen Mahlzeiten kam.

So blieb mir nichts übrig, als zu lesen, mich zu mopsen und die Gäste zu beobachten. Sie fühlten sich offenbar im Hause schon ganz heimisch und trieben es nach ihrer Art fröhlich, laut und rücksichtslos. Der eine pfiff mit ausdauerndem Atem schöne Lieder, der andere knackte im Salon Haselnüsse mit den Stiefelabsätzen auf, ein Mädchen spielte auf dem Billard mit der weißen Hauskatze. Wer von schüchterner Gemütsart ist, hat es so zwischendrin nicht leicht, er muss verzweifeln oder sich an den Wein halten, und das tat notgedrungen auch ich. Graubünden ist ja er-

staunlich reich an guten Weinen, und im obersten Rheintal wachsen einige Trauben. die sich vor denen des mittleren Rheins nicht zu schämen brauchen.

Ein merkwürdig gesegnetes Weinnest ist Malans, ein schönes Dorf zuunterst im Landquarttale, an dessen oberem Ende ich jetzt sitze. Neben vorzüglichen, pikanten, leicht prickelnden Rotweinen wächst dort ein vor Zeiten von den Spaniern angepflanzter, goldener und schwerer Weißwein. Er heißt Completer und ist nur in seiner Heimat erhältlich, da er die schnurrige Eigenschaft hat, blau zu werden, wenn er in der Flasche geschüttelt wird. Es wäre besser, die Weinhändler würden blau, die sich bemühen, diesem „Übelstande" abzuhelfen.

Zu meinem Glück kam abends manchmal der hiesige Arzt ins Hotel zu einem Billard. Er spielte so schlecht wie ich und erzählte mir von seiner Landpraxis, der er auf Schneeschuhen nachgeht.

Die Straße von hier nach Davos führt über Laret und Wolfgang in großen Kehren und Schlingen bergauf, zum Teil durch Tannenwald. Oben im Davoser Tal ist es noch sonniger, aber nachts und bei trübem Wetter auch viel kälter als in Klosters; Nachttemperaturen von dreißig Grad und mehr sind dort nicht selten. Die beiden Orte Davos-Dorf und Davos-Platz sind als Hoteldörfer das Grauenhafteste, was es in den Alpen gibt, aber das Tal ist wunderbar, überall der Sonne geöffnet und von reich gezackten herrlichen Bergen umgeben. Für Schütteln, Skisport und Eislauf kann man sich nichts Verlockenderes denken, und es ist auch eine Menge englischer und anderer Sportleute dort. Ich be-

greife das, ohne mitzumachen, mir ist beim Anblick der vielen Riesenhotels und Sanatorien und beim Anblick der bis weit in die Landschaft hinaus aufgestellten Tafeln, die den Schwindsüchtigen das Ausspucken verbieten, die Lust an Davos so ziemlich vergangen.
Die Art, wie in Davos der Wintersport betrieben wird, ist flott und imponierend. Man sieht prächtige Menschen jeden Alters mit geübten Gliedern sich bewegen. Die Schlittschuhplätze sind groß und glashart, ringsum ist das Land für Skitouren wie geschaffen, und die Schlittenbahnen sind die besten, die ich gesehen habe. Immerhin ist der Ton solcher internationaler Sportplätze für empfindsame Reisende nicht lange erträglich, und auch ich nahm nach einigen Stunden gern wieder Abschied, um auf meinem Bergschlitten nach Kosters zurückzukehren.
Nie habe ich eine schönere Schlittenpartie gemacht. Die Fahrt auf dem gut gebahnten, genügend steilen Weg ging rasch und flott, ohne übermäßig anzustrengen, und ich fuhr, auf dem niederen Schlitten zurückgelehnt, beinahe flach auf dem Rücken liegend, durch Wald und an schönen weiten Ausblicken vorbei, das Auge bald auf den Weg gerichtet, bald im hohen reinen Himmel ruhend, während feine, vom Schlitten aufgerissene Schneestaubwolken mir kalt und prickelnd übers Gesicht stoben. Unterwegs holte ich einen Bobsleih, einen langen Sportschlitten mit fünf Fahrern, ein. Er hatte umgeworfen und war völlig zerbrochen, und die fünf Fahrer standen dabei, rieben sich schmerzende Glieder und wären in der Eile beinahe von mir nochmals umgerannt worden.

Den Weg, den man in etwa anderthalb Stunden bergauf gestiegen ist, legt man rückwärts auf dem Schlitten in knapp zehn Minuten zurück. Im Dahinfahren durch den weißen Bergwinter, tausend Meter über dem gewohnten Leben, vergisst man alles, was des Vergessens wert ist, und reitet sausend talab, aus dem Gipfelglanz und der Sonnenwärme der Höhe in die strenge Kühle des totenstillen Bergtales hinunter. Der Geist der Berge geht mit, der große Tröster ...

*Hermann Hesse*

# Quellen

**BILDER**

S. 6 © Tim Nikolaus Rupp/Shutterstock; S. 9, 11, 23, 30, 42, 61, 70, 80, 86, 97, 102, 117, 128, 133: © Danussa/Shutterstock; S. 15: © Jarno Holappa/Shutterstock; S. 17: © Sergey Pekar/Shutterstock; S. 19 © mauritius images/Panther Media GmbH, Alamy; S. 28: © Alexander_Safonov/Shutterstock; S. 38: © Anneka/Shutterstock; S. 48: © stock.adobe.com/Jocelyn; S. 56: © stock.adobe.com/Svetlana Lukienko; S. 63: © Tatiana Popova/Shutterstock; S. 68: © mauritius images/Moreno Geremetta; S. 73: © stock.adobe.com/coldwaterman; S. 89: © stock.adobe.com/Ekaterina Senyutina; S. 98: © Melok/Shutterstock; S. 105: © Margarita Shchipkova/Shutterstock; S. 114: © Bodo Photography/Shutterstock; S. 125: © ArtMari/Shutterstock; S. 131: © Olya Humeniuk/Shutterstock; S. 137: © gorillaimages/Shutterstock.

**TEXTE**

Hermann Hesse, Wintertage in Graubünden, aus: Hermann Hesse, Kleine Freuden. Verstreute und kurze Prosa aus dem Nachlass © Suhrkamp Verlag Frankfurt am Main 1977. Alle Rechte bei und vorbehalten durch Suhrkamp Verlag Berlin.

Reimmichl, Christnacht über den Bergen, Der Christkindlvater, Weihnachten auf der Alm, aus: Reimmichl, Weihnachten in Tirol © 1996 Tyrolia, Innsbruck

Reinhold Stecher, Die leisen Seiten der Weihnacht, Tirol bei Nacht, aus: Reinhold Stecher, Die leisen Seiten der Weihnacht © 1998, S. 11ff. © Tyrolia Verlag Innsbruck, Wien

Luis Trenker, Romantische Schlittenfahrt, aus: Luis Trenker, Bergferien im Winter 1969 C. Bertelsmann Verlag © bei den Erben.

Hanns Vogel, Wia's Christkindl von Atzlbach verschwunden is, aus: Hanns Vogel, Von Niklo bis Dreikini. bayer. Geschichten u. Gedichte um d. staade Zeit © 1982, Verlagsanstalt Bayerland, Dachau

Silja Walter, Christkindleins Erdenfahrt – Weihnachten 1929, aus: Silja Walter, Gesamtausgabe Band 6 © 2008 Paulusverlag in der Verlag Herder GmbH, Freiburg i. Br.
Alois J. Weichslgartner, Mit Hirten und Königen an der Krippe, aus: Altbayerische Heimatpost Nr. 52/1972

Wir danken allen Rechteinhabern für die freundlich erteilte Abdruckerlaubnis. Der Verlag hat sich bemüht, alle Rechteinhaber in Erfahrung zu bringen. Für zusätzliche Hinweise sind wir dankbar.